2024 年度湖北省社科基金一般项目（后期资助项目）（项目编号：HBSKJJ20243162）成果，研究过程亦获"湖北市域社会工作与社会治理现代化研究中心"、"中华孝文化研究中心"基金资助。

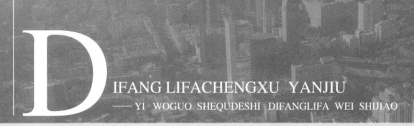

DIFANG LIFACHENGXU YANJIU
—— YI WOGUO SHEQUDESHI DIFANGLIFA WEI SHIJIAO

地方立法程序研究

——以我国设区的市地方立法为视角

张慧霞◎著

 中国政法大学出版社

2025·北京

图书在版编目（CIP）数据

地方立法程序研究：以我国设区的市地方立法为视角 / 张慧霞著.

北京：中国政法大学出版社, 2025. 5. -- ISBN 978-7-5764-2147-7

Ⅰ. D927

中国国家版本馆 CIP 数据核字第 20258BM594 号

出 版 者	中国政法大学出版社
地 　 址	北京市海淀区西土城路 25 号
邮寄地址	北京 100088 信箱 8034 分箱　邮编 100088
网 　 址	http://www.cuplpress.com (网络实名：中国政法大学出版社)
电 　 话	010-58908586(编辑部) 58908334(邮购部)
编辑邮箱	zhengfadch@126.com
承 　 印	固安华明印业有限公司
开 　 本	720mm × 960mm　　1/16
印 　 张	12.5
字 　 数	210 千字
版 　 次	2025 年 5 月第 1 版
印 　 次	2025 年 5 月第 1 次印刷
定 　 价	59.00 元

目 录

导　言

一、国内外研究述评

我国法学界研究地方立法始于 20 世纪 80 年代，1986 年修正的《地方各级人民代表大会和地方各级人民政府组织法》[1]赋予了部分地方国家机关地方立法权，相关理论研究成果逐渐增多。沈荣华、周传铭所著的《中国地方政府规章研究》（1998 年）是系统研究规章的一部开山之作，对地方政府规章的制定权限、法律效力、制定程序、法律监督、完善措施等方面，进行了全面系统而又深入的理论研究。该著作仅以政府规章为研究对象，未将地方人大立法纳入研究视野，对地方立法的研究尚不全面。由于出版较早，相关内容已略显陈旧。崔卓兰等所著的《地方立法实证研究》（2007 年），封丽霞所著的《中央与地方立法关系法治化研究》（2008 年），阮荣祥、赵泹主编的《地方立法的理论与实践》（2011 年）在研究地方立法方面规模宏大、体系完整，各有创新之处。囿于当时我国地方立法主体尚未扩容，以上著作对设区的市的地方立法问题，仅略有涉及，未能进行专题性的深入研究。

2015 年《立法法》修改后，地方立法主体得到大幅度扩充，设区的市新获立法权，引起立法学界的广泛关注。代表性成果有：张显伟等所著的《地方立法科学化实践的思考》（2017 年），对我国地方立法在科学性保障方面存在的问题与障碍进行了分析，从理论上建构保障地方立法科学性实现的制度及运行机制。武钦殿所著的《地方立法专题研究——以我国设区的市地方立

---

[1]　为论述方便，本书所涉所有我国法律法规，统一省略"中华人民共和国"字样，全书统一，下不赘述。

法为视角》（2018 年），饶艾等所著的《地方立法公众参与机制研究》（2020年），李锦所著的《地方立法后评估的理论与实践——以省级地方性法规的立法后评估为例》（2019 年）等，对地方立法中某一具体制度进行系统研究，着力提高地方立法的民主性和立法质量。

由于国家政治体制的不同，国外学者研究地方立法权，往往立足于地方自治，将地方立法权作为地方自治的核心内容展开论述，形成了诸多研究成果。如日本行政法学者礒崎初仁所著的《日本地方自治》、德国学者赫尔穆特·沃尔曼所著的《德国地方政府》等著作对该国地方政府的地方治理进行了系统阐述，其中对地方立法均有涉及，有许多值得借鉴的地方。研究德日等国的地方立法权的设置与运作，对我国设区的市地方立法工作具有一定的现实参考意义。

综上，国外关于地方自治研究已经积累了较多成果，多是国外现实问题和自治经验的总结，但缺乏对地方立法的专门性研究。国内立法学界对设区的市地方立法的研究存在明显的不足与缺憾：

其一，目前相关地方立法的研究成果，多聚焦于国家层面即中央国家机关的立法上，将设区的市作为地方立法主体之一进行整体研究，立足于宏观，未能将设区的市作为单独的地方立法主体予以关注和研究。尤其是在《立法法》修改后，立法学界针对设区的市地方立法未能及时跟进，进行专题性、实证性的研究。在设区的市地方立法实际问题、运行状况、立法程序等方面亟待进一步深入挖掘，以丰富和发展中国地方立法研究的内涵。

其二，学术界对地方立法程序研究缺乏应有的关注，而是针对地方立法程序中某一环节进行研究，未形成系统的地方立法程序研究。如，饶艾等所著的《地方立法公众参与机制研究》（2020 年），针对地方立法中的公众参与机制做系统研究，汪全胜等所著的《立法后评估研究》（2012 年），侧重研究的是立法程序中重要环节——立法后评估制度。

其三，既有的研究成果未能将地方立法理论与地方立法实践很好地结合起来，未能将实践中地方立法的实际做法上升为理论的反思、论证和总结，实证研究相对薄弱。本课题负责人多次深度参与设区的市地方性法规起草、评估等立法活动，本课题的研究将以设区的市为研究样本，开展地方立法程序研究。

二、研究意义

2015 年我国修正《立法法》，赋予设区的市地方立法权，扩大了地方立法主体范围，同时明确界定其立法权限，使设区的市成了拥有一定自主权的立法主体，改变了长期以来地方立法权只下放到"较大的市"的局面，消解了较大的市与设区的市之间立法权的不平等配置，丰富了地方立法格局，完善了我国中央和地方既统一又分层的"一元二级多层次"的立法体制。2023 年《立法法》第二次修正，地方立法权限被进一步扩大。此次修改，将设区的市的立法事项增加至"城乡建设与管理、生态文明建设、历史文化保护、基层治理"等，针对上述方面的事项可制定地方性法规和地方规章。另外，立法法也新增加了区域协同立法制度，规定设区的市的人民代表大会及其常务委员会根据区域协调发展的需要，可以协同制定地方性法规。省、设区的市（自治州）可以建立区域协同立法工作机制。地方立法权扩容为设区的市带来了新的发展机遇，但立法权的落实存在着诸多困难和障碍，设区的市需要积极应对诸多立法挑战。地方立法程序的优劣既决定着地方立法的优劣，也决定着地方立法民主化、法治化的进程。实践中，尽管地方立法程序越来越受到重视，越来越趋向完善，但不可否认的是，地方立法程序仍然面临许多问题，存在诸多缺陷。《立法法》并未对地方立法程序作出规定，仅要求参照法律的立法程序进行，具体规定由地方人大制定。各地在参照《立法法》的基础上，制定了各地的地方立法程序制度和一系列立法工作制度。

本书以设区的市地方立法为研究样本，关注地方立法程序的建构与完善。本书基于《立法法》修改带来的地方立法权扩容的现实背景，运用实证方法研究设区的市立法权的运行状况，探讨其面临的实际困难及地方立法程序的缺失，着重构建和完善地方立法程序。理论上紧跟国家立法动态，适应我国经济、政治、文化、生态发展的新情况、新变化对地方立法提出的新诉求。本课题对完善我国地方立法理论具有较大的理论意义和一定的理论创新性。实际应用方面，对全面提高设区的市地方立法质量，完善地方立法程序，促进地方立法科学化、民主化，推进地方法治化建设均具有较大的实践意义和社会效应。因此，本书通过探讨地方立法权扩张与设区的市之应对举措，加强和完善地方立法程序，既具有理论意义，又具有实践可操作性。主要创新之处体现在：

（1）理论上紧跟国家立法动态，密切关注地方立法中设区的市这一立法主体，积极探索地方立法程序，对完善我国地方立法理论体系具有较大的学术价值。

（2）实际应用方面，对完善地方立法程序，全面提高设区的市地方立法质量，促进地方立法科学化、民主化，推进地方法治化建设均具有较大的实践意义和社会效应。对广大立法工作者尤其是设区的市地方立法者深刻理解地方立法理论、掌握科学的立法技术，从而提高地方立法质量，具有一定的借鉴意义和指导作用。

（3）研究方法上的创新，本书结合作者深度参与地方立法实践的经历，理论联系实际，广泛运用法律社会学的方法、实证研究方法，和规范分析方法，对设区的市地方立法进行了调研考察、系统分析。在理论论述的对应处以资料链接的方式附上立法调研、起草、论证过程中形成的研究报告，既具有理论指导意义又具有实践操作示范作用。

三、研究方法

本书主要采用实证研究方法，历史考察方法、比较分析方法、规范分析方法等研究方法，同时辅之以观察、深入访谈和文献阅读等方式。通过多种方法的综合运用，以设区的市地方立法为视角，对地方立法程序从各个层面展开研究，理论联系实际，全面深入地对地方立法程序方面的理论和实践进行了系统、全面和深入的探索，理性设计并扎实论证破解问题的对策，建构逻辑体系完整且确保地方立法科学性的地方立法程序机制、措施及制度，以求研究成果在理论上具有说服力和创新性，并能对地方立法程序的完善提供较强的指导和借鉴。

四、研究内容

本书选取地方立法程序为研究对象，主要以设区的市地方立法为视角，系统地对地方立法程序作了全面的分析和理论探索。共分为四部分内容，前三章依照地方立法程序的逻辑顺序，分为地方立法的预备程序、地方立法的正式程序和地方立法的完善程序三部分内容，进行了较为全面深入的理论探讨和阐述，第四章主要结合课题负责人在深度参与地方立法实践中遇到的急需解决又值得反思的六个制度进行了理论探究。如地方立法中"不抵触"原则的理解和适用、人大主导立法体制、地方立法中的公众参与制度、地方立法技术、地方立法中的法律责任制度、流域协同立法等。

前三章的立法程序循序渐进，构成一个有机整体，从理论和实践相结合的角度出发，同时为了客观反映设区的市地方立法样态，本书在前三章对应的章节后面，附上了几份研究报告。均是本人近年来深度参与设区的市地方立法起草、评估工作中所形成的调研报告、地方立法评估报告等文本。本书的具体研究思路和主要内容框架如下：

1. 地方立法的预备程序

立法预备程序是整个立法过程的基础和首要环节，它主要包括立法规划、立法立项和立法起草三项制度。我们对立法规划、立法立项、立法起草制度的内涵、内容、功能意义进行思考，对其存在的问题进行深入地剖析，提出地方立法规划、立法立项制度的合理化建议。对地方立法起草的模式、理论依据进行分析，并创新性地构建委托第三方立法起草模式的完善措施。

2. 地方立法的正式程序

地方立法的提案、审议、表决、通过、公布与实施是地方立法的正式程序，正式程序不是理论研究的重点，我们对其中存在争议的审议制度重点进行了讨论。地方立法前评估制度是审议过程中、表决通过前的一项重要制度，实质上属于立法辅助程序。是我国立法制度中的新事物、新举措，探讨其现状，分析障碍产生的原因，并在理论上设计破解之策，详细构建我国地方立法前评估制度体系。

3. 地方立法的完善程序

立法完成后就进入了立法的完善阶段，立法完善程序包括备案审查制度和地方立法清理制度。备案审查性质上属于立法监督，对地方立法质量的提高意义重大。我们重点探讨了地方性法规备案审查标准，创新性地构建地方立法备案审查机制的完善路径。同时对地方立法清理的主体、标准及程序也进行了深入地探索。

4. 地方立法过程中的几个重要问题

本部分结合地方立法实践中急需解决又非常重要的几个理论问题进行了深入地研究，主要探讨了地方立法中如何理解和适用不抵触原则、人大主导立法体制、公众有序参与地方立法的途径、地方立法技术、地方立法中的法律责任制度、流域协同立法等。

第一章

地方立法的预备程序

　　立法预备程序是整个立法过程的基础。一般来说，立法预备程序包括以下几个步骤：①制定立法规划和立法计划，②确定立法项目，③确定起草主体，④起草法案。其中立法规划具有全局性、长远性，是从宏观上解决立法问题，其他几个程序是从微观上为立法做准备工作。因此，作为正式立法程序前奏的立法准备程序具有极其重要的价值，正如周旺生教授所言，法案提交立法机关审议、表决，往往只是履行法定程序，该法案能否正式成为法，实际上在立法准备阶段就已经定局了。[1]基于本书的写作目的，本章所涉及的地方立法预备程序规则，主要针对设区的市地方性法规和政府规章进行分析和阐述。

第一节　地方立法规划

　　在立法活动中，立法规划属于立法准备工作，是立法工作的首要环节，对于把握好立法方向，提高立法质量至关重要。从全国人大常委会到享有立法权的设区的市人大常委会，都非常注重制定中长期的立法规划和年度立法计划。2023 年修正的《立法法》第 56 条，明确要求立法机关通过编制立法规划和年度立法计划、专项立法计划等形式加强对立法工作的统筹安排。从总体上确立了立法规划制度，并对立法规划和立法年度计划的主体、程序等予以规定。然而，立法学界对立法规划的性质、效力、内容、制定主体等问题，仍存在不同观点和分歧。

----

　　[1]　周旺生：《立法学》，法律出版社 2004 年版，第 197 页。

我国采取计划机制为主的立法模式，需要建立立法规划和立法计划的科学调研制度，广开信息渠道，倾听各种利益主体的立法诉求。同时，立法规划、立法计划应做到科学、明确、稳定，为地方立法的具体工作提供确定的信息和指导。

一、立法规划的内涵和功能

（一）立法规划的内涵及历史发展

周旺生教授认为，立法规划是指有权的主体，在职权范围内，为达到一定目的，按照一定原则和程序，所编制的准备用以实施的关于立法工作的设想和部署。[1]也有学者认为，立法规划是立法机关根据国民经济及社会发展趋势的要求，对一定时间内需要完成的立法项目做出统一、具体的部署和安排。[2]

实践中，我国的立法规划工作起步较晚。1991年，第七届全国人大常委会作为立法机关首次制定并公布立法规划，制定了1991年至1993年的国家层面的立法规划。该立法规划把立法项目分为两类，"一类件"和"二类件"。其中，"一类件"是拟提请全国人大或全国人大常委会审议的法律草案，"二类件"是拟抓紧调研论证的法律草案。这种对立法规划采取的两分法，长期被国家和地方立法所沿用。自第八届全国人大任期伊始，率先拟定了本届的五年立法规划。此后，立法规划与人民代表大会任期保持一致，以五年为期，逐渐常规化和规范化，从而形成惯例。全国人大常委会一般以五年立法规划为中长期目标，编制全国性的立法规划。

随着中央立法规划工作的开展，地方立法规划工作也开始启动。尤其是2000年《立法法》颁布后，各地纷纷制定了立法条例，一般称为地方立法条例或人大及其常委会立法条例，用以贯彻落实立法法，指导本地区具体的立法工作。也有些地方将立法规划作为立法准备工作的主要内容，用地方性法规的形式加以明确。立法规划的具体内容一般包括编制主体、主要内容、项目来源等。在地方立法条例中的立法准备阶段，对立法规划做出规制的省份

---

〔1〕 周旺生：《立法学》，法律出版社2004年版，第520页。

〔2〕 刘惠荣、柏杨：《立法规划的基本要求：科学性与民主性》，载《学习与探索》2004年第6期。

主要有河北省、湖北省、浙江省、黑龙江省等。[1]

2000 年的《立法法》并未对立法规划作明确规定，地方立法机关却早已开始了对立法规划的实践探索，2015 年修正的《立法法》新增加的第 52 条规定，正式确立了这一制度，在国家法律层面对地方的立法实践予以肯定。2023 年修正的《立法法》第 56 条，保留立法规划和立法计划的规定，并新增了专项立法计划的规定。明确全国人大常委会通过立法规划和年度立法计划、专项立法计划等形式，加强对立法工作的统筹安排，并对立法规划的制定主体、程序等予以规定。2015 年伊始，新获立法权的设区的市纷纷开始制定各自的立法条例，据不完全统计，几乎所有的设区的市出台的第一部地方立法即是程序性的地方性法规——立法条例，用于全面指导地方立法工作。

（二）立法规划的性质

有学者指出，立法规划的性质属于一种准法的规范性文件。它具有一定的法的性质，但又不等同于完全意义上的法，而是某种特殊意义上的法，即"准法"。那么，同立法规划的性质相适应的编制立法规划的活动就是一种准立法活动。[2]这一观点对立法规划这一并未得到法律明确规范，却具有一定约束指引力的制度做出了独到的解释，有一定的道理，但也不尽完善。第二种观点认为，立法规划具有立法准备的性质。[3]

我们认为，立法规划是体现立法政策的、具有一定指引性与约束力的规范性法律文件。立法规划最终形成的文本并非"法"，不具有法的性质和效力，也不是"准法"。立法规划具有特殊的指引、程序等特性，是将立法政策转化为法的重要方式，体现了立法政策法定化的过程，具有一定的政策性。立法规划也是正式立法程序之前的准备阶段，是正式立法程序的开端，具有一定的程序性和过程性。

对于立法规划是否属于立法程序，立法学界存在两种不同意见。一种观点认为，立法规划不属于立法程序。立法程序包括四个阶段，提出法律案、

---

〔1〕 参见《河北省地方立法条例》《浙江省地方立法条例》《山西省地方立法条例》《江西省立法条例》《湖北省人民代表大会及其常务委员会立法条例》《黑龙江省人民代表大会及其常务委员会立法条例》《内蒙古自治区人民代表大会及其常务委员会立法条例》等。

〔2〕 周旺生：《关于立法规划的几个理论问题》，载《北京大学学报（哲学社会科学版）》1993年第 3 期。

〔3〕 刘平：《立法原理、程序与技术》，学林出版社 2017 年版，第 228 页。

审议法律案、表决与通过法律案、公布法律。[1]也有学者认为，立法规划属于立法程序。认为立法程序分为六个阶段，制定立法规划、起草法律草案、提出法律草案、审议法律草案、通过法律草案、公布法律，立法规划是立法程序的起始阶段。[2]还有学者将立法程序分为三个阶段，立法的前期准备、立法的正式程序、立法后的完善程序。其中，立法的前期准备包括立法预测与立法规划、立项与论证、立法调研与文本起草等，将立法规划作为立法准备纳入立法程序之中。[3]全国人大常委会法制工作委员会也将立法规划纳入立法程序之中，将立法程序分为三个阶段，立法的准备程序、法律案的提出和审议程序、法律案的表决和法律的公布，指出立法准备程序是正式立法程序开始前进行的立法准备活动，立法准备程序包括立法规划和计划、法律案的起草等内容。[4]

可见，大部分学者赞同将立法规划作为立法准备工作纳入立法程序。我们认为，立法规划是体现立法政策的、有一定指引性与约束力的规范性法律文件。立法规划属于立法程序，是立法程序必不可少的前期准备阶段，它奠定了整个立法的前提基础。

（三）立法规划的功能

立法规划对整个立法工作的作用不言而喻，能够确保立法工作有组织、有计划地进行，增强立法工作的计划性和科学性。具体而言，立法规划具有以下几个方面的功能。

1. 有利于立法的计划性。合理制定立法规划，可以使地方立法机关分清轻重缓急，从大局出发，从实际需求出发，围绕地方经济发展和社会进步，关注影响人民群众的热点难点问题，结合本地区今后一个时期的方向、战略和中心任务，作出统筹安排，增强立法的计划性和前瞻性。

2. 有利于立法的科学化。立法规划是建立在科学预测的基础之上的，经过多方调研和论证形成的。因此，它可以避免立法工作的随意性，降低立法

---

〔1〕　吴大英、任允正、李林：《比较立法制度》，群众出版社1992年版，第385页；曹康泰主编：《中华人民共和国立法法释义》，中国法制出版社2000年版。

〔2〕　李步云、汪永清主编：《中国立法的基本理论和制度》，中国法制出版社1998年版，第144页。

〔3〕　刘平：《立法原理、程序与技术》，学林出版社2017年版，第228页。

〔4〕　刘明利编著：《立法学》，山东大学出版社2002年版，第130页。

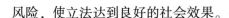

风险，使立法达到良好的社会效果。

3. 有利于法制统一。立法工作是一个系统工程，科学的立法规划可以促使立法者不只关注一些单个的、零散的立法项目，而是全盘考虑、统筹安排法的制定、修改和废止。有助于地方性法规之间的协调一致，减少或避免法规之间的冲突，减少立法重复现象，保持中央和地方的立法统一，也可以确保同一地区的法规统一和协调。同时，有助于推动立法、执法、司法、守法之间的协调统一。如果立法不科学、不合理，源头出现问题，那么往往会导致执法、司法、守法和法的监督方面的问题。按照立法规划把立法当作系统化的工程来建设，构建一个完备的法律体系，将立法置于整个法制系统工程之中去完善立法。

二、立法规划的分类

根据不同的分类标准，立法规划可以做不同的划分。

（一）权力机关立法规划和政府立法规划

这种分类方式主要是根据立法规划的主体不同而作出的划分。权力机关的立法规划是国家权力机关编制的立法规划，包括全国人大及其常委会的立法规划，省、自治区、直辖市的人大及其常委会的立法规划，设区的市的人大及其常委会的立法规划。行政机关的立法规划是由行政机关编制的立法规划，包括国务院及其有关部门的立法规划，省级人民政府和设区的市的人民政府的立法规划。

（二）短期立法规划和长期立法规划

这种分类方式是根据立法规划的时间来划分的。短期立法规划一般是年度立法计划，是立法的近期目标。中长期立法规划一般是五年立法规划，是立法的阶段性目标，时限一般与地方人大的任期时限相一致。

需要注意的是，五年立法规划不一定在同一届人大任期内完成，立法机关应注意保持其连续性和稳定性。如果本届人大在任期内未能完成立法规划的立法任务，该立法规划可延续到下一届人大继续执行，下一届人大不应随意更换或调整立法规划。五年立法规划是一种具有指导性、方向性和纲要性的立法文件。年度立法计划是以五年立法规划为基础，为贯彻落实立法规划的要求，根据立法的轻重缓急而制定的。根据地方经济和社会发展的需要，年度计划可以对五年立法规划进行必要的补充和调整，毕竟社会经济的发展往往快于人们的预期。对虽未列入立法规划的项目，如果立法条件成熟、各方面意见比较一致的，可被适时列入年度立法计划。但是，五年立法规划一经公布，地方立法机关应当严格按照既定立法规划执行，如确有需要调整，也应当遵循法定程序，谨慎启动。

（三）综合立法规划和专项立法规划

这种分类方式是根据立法规划的内容不同来划分的。综合立法规划是指立法内容是涉及多方面的、综合性的立法规划。全国人大及其常委会、国务院编制的立法规划，一般都是综合立法规划。专项立法规划是指立法项目的调整对象较单一，旨在解决经济、民生、环保等某一方面的社会问题。专项立法规划在 2023 年修正的《立法法》第 56 条中开始明确规定，实践中早已被广泛应用，具有较高的实用价值，可以作为五年立法规划的有效补充。比如，2005 年上海市围绕"构建社会主义和谐社会"的主题对政府规章进行专项立法规划研究，提出政府规章立法调研项目，作为今后五年上海市构建社会主义和谐社会方面政府立法工作重点。2009 年上海市又开展"地方民生立法框架"的专项立法规划。[1]这些专项立法规划的开展，适应了某一时期对某一领域立法的特别需求，均取得了良好的社会效果。

三、地方立法规划的编制

《立法法》第 56 条对立法规划和年度立法计划、专项立法计划作了总体安排和原则性的规定，全国人大常委会通过立法规划和年度立法计划、专项立法计划等形式，加强对立法工作的统筹安排，并对立法规划和立法计划的主体、程序等予以规定。第 73 条对国务院行政法规的立法规划编制也提出了总体要求。我国《立法法》没有对地方立法规划作具体规定，国家层面原则性的规定不足以完全指导地方立法机关的立法规划活动。仿照《立法法》第 56 条、第 73 条对国家立法机关的立法规划的规定，设区的市通过制定立法条例，以地方性法规的形式对立法规划作出了具体的安排。结合地方立法实践的做法，地方立法规划的编制应包括以下几个方面的内容：

---

〔1〕 刘平：《立法原理、程序与技术》，学林出版社 2017 年版，第 231 页。

（一）地方立法规划的编制主体

地方立法规划的编制主体主要包括两类：一是省、自治区、直辖市的人大常委会、设区的市人大常委会；二是省级人民政府、设区的市人民政府。前者有权编制地方性法规的立法规划和立法计划，后者有权编制地方政府规章的立法规划和立法计划。设区的市人大常委会在确定年度立法计划前，应当将计划草案报送省级人大常委会法制工作委员会征求意见。

（二）地方立法规划的编制程序与内容

地方立法规划的编制程序，主要包括以下内容：①确立起草立法规划的机构和人员。例如，编制地方性法规的立法规划，设区的市人大常委会是起草立法规划的机构，参与人员由该机构的负责人和工作人员组成。②进行必要的调查研究，明确立法规划的起草任务、原则、目的和意义等问题。③起草立法规划。④审查、审议、批准立法规划。

地方立法规划的内容，主要包括立法规划的名称和具体内容。立法规划的名称应包括编制规划的主体、规划的时限等要素。立法规划的内容一般应当包括立法规划的指导思想、原则、目标和任务、立法项目的名称和部署、立法规划的实施措施等。

四、地方立法规划的实施现状、问题与对策

地方立法机关一般以正式决议的形式公布立法规划，对立法活动的有序开展具有重大指导意义。立法规划对立法质量、法律体系的协调统一以及法律的实施等具有重要意义。针对我国地方立法规划的实施现状、存在的问题，值得我们进一步思考和改进。

（一）地方立法条例的法律效力层级低

尽管《立法法》第56条对全国人大常委会编制立法规划作出了规定，第73条对国务院制定行政法规的立法规划编制提出了要求，但都是原则性的规定，比较粗放。省级层面大多制定了立法条例等地方性法规，其中在立法准备环节对地方立法规划作了细致的安排。2015年3月《立法法》修正，市级地方立法主体从"较大的市"扩展到所有"设区的市"（个别特殊情况除外）。新获地方立法权后，大多数设区的市及时出台了地方立法条例，作为地方立法的程序性依据，用于指导设区的市具体展开其实体性立法。我们在

"法信网"搜索统计，湖北省 13 个设区的市（自治州），大部分于 2016 年制定了该地区的地方立法条例。设区的市一般在立法条例中的"立法准备"中规范立法规划活动。例如，《孝感市人民代表大会及其常务委员会立法条例》第二章为"立法准备"，第二章第一节详细规定了立法规划与立法计划的制定程序。其中第 6 条规定，市人大常委会是立法规划和立法计划的编制主体。市人大常委会通过制定立法规划，统筹安排地方立法工作。

　　总体来看，地方立法条例的法律效力层级低，各设区的市均制定了本地区的立法条例，且内容几乎一致。对于程序性的地方性法规，建议出台省级层面的立法条例，以节约立法资源。且地方立法条例的法律效力层级低，内容重复，设区的市各自出台自己的立法条例，必要性不大。另外，2023 年《立法法》做了较大幅度的修正，在立法规划和年度立法计划之外，新增专项立法计划。设区的市有必要及时跟进修订立法条例，以保持与上位法的统一。

　　（二）立法项目安排不尽合理

　　《立法法》一方面将立法主体予以扩大，同时又对设区的市的立法权限范围进行了限制，设区的市制定地方性法规仅限于"城乡建设与管理、生态文明建设、历史文化保护、基层治理等方面的事项"。因此，设区的市应当按照《立法法》的规定，结合本地区的具体情况和实际需要，科学编制立法规划。需要注意的是，首先，在编制立法规划、立法计划时，严格按照《立法法》的规定，在立法权限范围内确定立法项目，不宜突破界限。其次，在编制立法规划、立法计划时应本着"改革发展急需的优先、条件成熟的优先"的原则，合理安排立法项目，突出经济发展、生态环境、民生等重点领域立法。例如，在《湖北省第十四届人大常委会立法规划》（2023 年—2027 年）中，按照轻重缓急列出三类立法项目：第一类项目为条件比较成熟、任期内拟提请审议的立法项目；第二类项目为需要抓紧工作、条件成熟时提请审议的立法项目；第三类项目为立法条件尚不完全具备、需要继续研究论证的立法项目，经研究论证，条件成熟时，可以安排审议。其中，第一类项目 57 件，第二类项目 52 件，共 109 件。

　　根据《立法法》的规定，设区的市的地方性法规制定权限于城乡建设与管理、生态文明建设、历史文化保护、基层治理等方面的事项，实践中上述四类事项范围并不十分明确。因此，省级人大常委会一般通过审定立法计划来防止设区的市制定的地方性法规越权，同时也可以此避免重复立法等现象。[1]例如，湖北省 2019 年修订的《设区的市、自治州地方性法规审批工作规程》，要求市、自治州人大常委会法制工作委员会应当在每年 11 月底以前，将下一年度立法计划草案报送省人大常委会征求意见，并就立法项目的必要性、可行性和特色性等予以说明。省人大常委会对报送的年度立法计划草案进行讨论研究，提出意见、建议和审定。

（三）五年立法规划阙如

五年立法规划作为中长期立法规划，对一定时期内设区的市的立法工作进行安排部署，不可或缺。但在现实中，设区的市通常比较重视制定短期的年度立法计划，而忽视中长期的五年立法规划的制定工作。以湖北省 12 个设区的市和恩施土家族苗族自治州为研究对象，我们发现，从 2016 年开始，100%的设区的市（州）制定了年度立法计划。但是，仅有武汉市、襄阳市、宜昌市、咸宁市和恩施土家族苗族自治州制定和公布了五年立法规划（2017年—2021 年），制定五年立法规划的设区的市（州）仅占全省总数的 38.5%。

（四）立法规划的撰写不够规范

五年立法规划的撰写内容应当包括：立法规划的指导思想、原则、目标和任务、立法项目的名称和部署、立法规划的实施措施等。年度立法计划的撰写质量相对要高于五年立法规划。考察湖北省 13 个设区的市（州）人大常委会公布的五年立法规划，在有限的几部五年立法规划中普遍存在格式和内容上的问题。立法规划的撰写格式不尽统一，内容不够完整全面。有的仅列出了几部立法项目，有的缺少了立法规划的指导思想、具体实施措施等内容。立法的轻重缓急区分不够明显。年度立法计划的撰写上，内容一般有指导思想、年度立法计划项目安排和具体实施措施、要求。重点内容是年度立法计划项目安排，在项目安排上会作出区分，有本年度提请审议的项目、本年度调研的项目等。

小　结

五年立法规划和年度立法计划、专项立法计划的编制，均应当遵循立法

---

[1] 刘立可、赵晓思：《省人大出台设区的市立法指导意见》，载《浙江人大》2018 年第 6 期。

的客观规律，以科学立法、民主立法为原则，不能贪多求全，不能为了片面追求立法数量而盲目立法。设区的市的立法机关应当从宏观上把关，在立法能力范围内，每年制定或者修改一两部地方性法规为宜。长期来看，设区的市地方立法机关应当制定和完善五年立法规划和年度立法计划的编撰，并在官方网站予以公开公布，并严格按照立法规划和立法计划，科学开展地方立法工作。

◇ 资料链接1——地方立法规划之五年立法规划示例

恩施土家族苗族自治州八届人大常委会五年立法规划

（2017年3月24日州八届人大常委会第二次会议通过）

修订单行条例1件，废止单行条例2件，新制定单行条例1件、地方性法规5件，预备项目10件，进入立法项目库的项目10件。

具体项目：

一、单行条例（4件）

1. 修订《恩施土家族苗族自治州城乡规划建设管理条例》（1件）

2. 废止《恩施土家族苗族自治州人口与计划生育条例》、《恩施土家族苗族自治州邮电通信设施建设和保护条例》（2件）

3. 制定《恩施土家族苗族自治州自然保护区管理条例》（1件）

二、地方性法规（5件）

1. 制定《恩施土家族苗族自治州硒资源保护和开发条例》

2. 制定《恩施土家族苗族自治州唐崖土司城遗址保护管理条例》

3. 制定《恩施土家族苗族自治州少数民族特色村寨和传统村落保护条例》

4. 制定《恩施土家族苗族自治州饮用水水源地保护条例》

5. 制定《恩施土家族苗族自治州地名管理条例》

三、预备项目（10件）

1. 制定《恩施土家族苗族自治州农业生态环境保护条例》

2. 修订《恩施土家族苗族自治州清江保护条例》

3. 修订《恩施土家族苗族自治州旅游条例》

4. 修订《恩施土家族苗族自治州民族文化遗产保护条例》

5. 制定《恩施土家族苗族自治州物业管理条例》

6. 修订《恩施土家族苗族自治州水土保持条例》

7. 修订《恩施土家族苗族自治州农作物种子管理条例》

8. 修订《恩施土家族苗族自治州科学技术进步保障条例》

9. 制定《恩施土家族苗族自治州中医药发展与保护条例》

10. 州房屋安全条例

四、进入立法项目库的项目（10件）

1. 民族地方特色产品知识产权促进与保护条例

2. 特色建筑物（抗战、民族、宗教）的抢救与恢复条例

3. 医疗废物处置条例

4. 人民调解工作条例

5. 乡村旅游、民宿旅游的规范管理办法

6. 城市宠物管理条例

7. 非机动车和摩托车管理条例

8. 食品安全管理条例

9. 医疗纠纷调处条例

10. 消防条例

◇ 资料链接2——地方立法规划之年度立法计划示例

襄阳市人大常委会2018年度立法计划

（2017年12月22日市十七届人大常委会第七次会议通过）

为做好市人大常委会2018年度立法工作，根据《中华人民共和国立法法》、《湖北省人民代表大会及其常务委员会立法条例》和《襄阳市人民代表大会及其常务委员会立法条例》，结合《襄阳市第十七届人大常委会立法工作规划（2017年—2021年）》，制定本计划。

一、总体要求

以习近平新时代中国特色社会主义思想为引领，深入学习贯彻党的十九大精神，以及习近平总书记治国理政新理念新思想新战略，深入推进科学立法、民主立法和依法立法，增强地方立法的针对性、可行性、操作性，着力提高地方立法质量，积极发挥立法的引领和推动作用，努力为加快襄阳"一极两中心"建设营造良好的法治环境。

二、2018年度立法计划项目安排

根据我市的具体情况和实际需要，充分考虑立法时机和项目成熟度，计划将襄阳市城市生活垃圾分类管理条例、襄阳市公共文明行为条例列为2018年度立法计划项目。具体安排如下：

（一）计划提请市人大常委会审议的项目（2件）

1. 襄阳市城市生活垃圾分类管理条例（2017年度接转项目），已于2017年12月由市人民政府提请市人大常委会一审，计划于2018年4月进行二审，6月进行表决，7月报请省人大常委会批准。

2. 襄阳市公共文明行为条例，计划于2018年6月进行一审，8月进行二审，10月进行表决，11月报请省人大常委会批准。

（二）调研预备项目（2件）

1. 襄阳市城乡规划管理办法

2. 襄阳古城保护管理条例

三、具体要求

（一）加强组织领导。市人民政府及其相关部门要及时成立工作专班，制定实施方案，明确工作职责，合理安排进度，确保法规案依法、及时提请市人大常委会审议。市政府法制部门要认真做好法规草案的合法性审查，对法规起草过程中争议较大的重要事项，加强组织协调和督促指导。市人大有关专门委员会和常委会有关工作机构应提前介入，及时掌握进展情况和起草中涉及的重大问题，做好督促和协调。

（二）确保立法质量。在法规起草、审议、修改过程中，市人大有关专门委员会、常委会有关工作机构、市人民政府及其相关职能部门，要深入践行科学、民主、依法立法，严格依照法定程序，坚持问题导向，充分发扬民主，广泛征求意见建议，深入开展调查研究，着力提高法规的针对性、操作性和执行性，确保立法质量。对于调研预备项目，市政府有关部门要立足实际积极开展专题调研，广泛借鉴外地先进经验，形成调研报告，条件成熟后，可以提早启动法规草案起草工作，为市人大常委会今后立法计划项目做好准备。

（三）加强沟通协调。市委办公室、市人大常委会立法工作机构和市政府法制部门要加强沟通联系，建立会商机制，及时研究解决立法工作中出现的矛盾和问题。各有关部门要及时沟通情况，形成工作合力，提高工作效率，共同做好立法计划实施工作。

（四）加强立法宣传。要加强对年度立法计划项目制定过程的宣传报道，采取多种形式和途径，吸引和动员社会各方及时了解并积极参与立法全过程，使地方立法与严格执法、全民守法形成良性互动，真正成为凝聚社会共识、传播法治精神、推动科学发展、促进文明和谐的重要阵地。

第二节　地方立法立项程序

提高地方立法质量，首先要解决的是法需不需要立的问题，即立法的立项问题。立法项目选择得好，立法就成功了一半，所制定出来的法规能够满足社会管理和经济发展的需要，实现良法善治。反之，立法项目选择得不合适，制定出来的法律法规不仅起不到应有的作用，甚至可能成为一部扰民的法，一部"恶法"，阻碍地方经济社会的发展进步。

一、地方立法立项的概念界定

国内学者对立法立项的概念界定存在一定的争议，多数学者认为立法立项活动主要是编制立法规划和立法计划。有学者认为，地方立法立项是指地方立法主体根据地方经济、社会、文化的现状以及发展趋势，结合各种情况博弈论证后对地方立法作出统一部署和安排的活动，其最终表现形式是立法规划和立法计划的编制。[1]类似观点还有，地方立法启动也称为地方立法立项，是指由有关主体提议产生，经享有立法规划编制权的主体在协调有关各

---

〔1〕　龙婧婧：《试论地方立法立项标准体系的建立》，载《人大研究》2019年第9期。

方的基础上，结合本地实际情况博弈论证后，决定其是否列入立法规划的带有规律性的活动。[1]甚至有学者将地方立法立项完全等同于立法规划和立法计划的编制，认为地方立法立项包括制定立法规划和立法计划两部分，前者以五年为期，既要反映现实需要又要兼顾未来发展，既要着手眼前工作又要考虑长远安排，其目的就是将本年度人大常委会的立法项目确定下来。[2]

也有学者持不同意见，认为地方立法立项应该包括征集立法建议项目、初步审查并整理立法建议项目、拟定并审议地方立法立项草案建议稿、审议通过并公布地方立法立项、调整与执行地方立法立项等程序性环节。[3]刘平指出，立项是将立法项目纳入年度立法计划的一个工作程序，完成立项意味着立法项目的真正启动，并且将立法立项与立法规划相并列，认为立法立项包括立法论证、制定立法标准等活动。[4]

综上，我们认为，地方立法立项不能完全等同于立法规划和立法计划的编制，地方立法立项是地方立法机关以确立立法项目为中心，以立法规划和立法计划的编制为目的，征集立法建议项目，依据立项标准，通过立项论证，确定立法项目的程序性活动。

二、地方立法立项机制的历史发展及现状

《立法法》对地方立法立项并没有作出统一要求和明确规定，地方立法立项机制是在立法实践中探索创新出来的。资料显示，我国较早将地方立法立项明确规定为地方立法准备阶段程序之一的是江苏省人大常委会。1993 年江苏省人大常委会颁行了《制定和批准地方性法规的规定》，该规定第二章为"地方立法计划的制定"，该章对地方立法立项作出了初步设计，明确了江苏省地方性法规立法立项的程序和时限等。[5]

2000 年《立法法》颁布后，各省级人大常委会均制定了地方立法条例，用于指导和规范地方立法活动。2015 年《立法法》修正后，新获立法权的设

---

〔1〕　穆中杰：《完善地方立法立项机制的研究》，上海师范大学 2005 年硕士学位论文。

〔2〕　秦前红、徐志森：《论地方人大在地方立法过程中的主导作用——以法规立项和起草的过程为中心》，载《荆楚学刊》2015 年第 3 期。

〔3〕　张显伟、胡永德：《地方立法立项程序的建构》，载《地方立法研究》2017 年第 4 期。

〔4〕　刘平：《立法原理、程序与技术》，学林出版社 2017 年版，第 233 页。

〔5〕　张显伟、胡永德：《地方立法立项程序的建构》，载《地方立法研究》2017 年第 4 期。

区的市纷纷开始立法，大多数设区的市以地方性法规的形式制定了地方立法条例，从程序上全面规范地方立法工作，名称上一般称为，XX 市地方立法条例或 XX 市人大及其常务委员会立法条例。据我们在"法信网"搜索统计，2015 年《立法法》修正后，全国共有 138 个省级人大常委会和设区的市人大常委会制定或修改了地方立法条例。该程序性立法的主要内容一般包括，立法准备（立法规划与立法计划、法规草案的起草）、立法程序、法规的解释等立法程序，用于指导和规范地方立法活动。以湖北省为例，2016 年孝感市人大及其常委会颁布了《孝感市人民代表大会及其常务委员会立法条例》，同年，颁布立法条例的还有荆州市、宜昌市等省内大部分设区的市。2023 年《立法法》再次修正，也带动了省市地方立法条例的相继修改。2023 年 7 月《湖北省人民代表大会及其常务委员会立法条例》经修改后颁布，其中，第13 条至第 18 条等多个条文规制了立法立项活动。

但是，地方立法立项活动未受到充分重视，一般仅在立法条例的"立法规划和立法计划"部分予以简单规制，很少以地方性法规的形式单独立法。据我们在"法信网"搜索统计，截至 2023 年 12 月，全国仅有 2 个设区的市以地方性法规的形式出台了地方性法规立项办法。广州市人大常委会于 2012年 7 月颁行了《广州市地方性法规立项办法》，安顺市人大常委会于 2018 年 6月颁行了《安顺市地方性法规立项办法》。以上设区的市均是以地方性法规的正式立法形式制定了立项立项办法，可见其对立法立项工作的重视。

其他设区的市大多数是以市人大常委会主任会议通过规范性文件的形式进行立项规制。比如海口、珠海、荆门、黄石、湘潭、中山、泸州、营口等10 余个地市颁行了地方性法规立项办法或地方性法规立项工作办法等规范性文件。这些立项办法性质上不属于地方性法规，不具有法律效力，不对外生效。这些立项办法主要规定了立项工作原则、立项标准、立项程序、立项论证评估等重要内容。但作为设区的市人大常委会的内部规则，这些规范性文件实际上对当地的地方立法是有指导意义和约束力的。

三、地方立法立项的意义

作为地方立法准备阶段的核心环节，地方立法立项对规范地方立法、节约地方立法资源、提高地方立法的科学化与民主化程度、提升地方立法的质量均具有重要意义。

（一）完善立法程序，明确立法的准入门槛

地方立法立项制度通过明确的标准和一定的程序，为地方立法划定准入门槛，能够将条件不成熟的、非急需、非必要的立法项目阻挡在门槛之外，对防范立法的随意性具有极其重要的作用。实践中，地方立法机关在重大立法事项决策时，采用专家论证、风险评估等方式，论证评估立法项目的必要性、可行性和合法性，重视立法启动环节的程序控制，可以起到约束立法随意性的积极作用。

（二）降低立法成本，避免立法资源的浪费

法律是一种公共产品，其制定和实施过程需要消耗大量的成本。立法成本即立法活动所消耗的成本，包括直接成本（立法机关的运行、立法程序性活动和立法监督的成本）和间接成本（法律实施投入的人力、物力和财力）。[1]但是，立法资源总是有限的。例如，省级人大常委会一年召开 6 次—7 次常委会会议，一般通过 6 个—10 个法规案。[2]设区的市人大常委会一年召开 6 次常委会会议，一般通过 1 个—2 个法规案。因此，如何将有限的立法资源投入最有效、最需要的法律制定之中便成为一个难题。完善立项机制，将立法立项论证制度引入地方立法启动环节，在地方立法的预备阶段即进行严格的筛选和论证，可以避免后续的起草、审议、批准等程序中大量立法资源的投入，以及法规出台后带来的实施成本。

（三）保障立法质量，维护法律的权威

众所周知，立法质量是法律体系建设的生命线。[3]法规中个别瑕疵条款会影响立法质量，这种情况带来的负面影响有限，可怕的是不该制定而出台的整部法律法规，不合格产品的出厂，会对整个地方法治体系建设带来极大的危害性，损害和降低社会大众对法律的信仰。有学者指出，一些地方性法规立法质量不高，是导致地方性法规适用率较低的主因之一。[4]地方性法规

---

〔1〕崔卓兰等：《地方立法实证研究》，水利水电出版社 2007 年版，第 413 页。

〔2〕刘晓鹏：《先论证　后立项：北京市人大试行法规立项论证》，载《江淮法治》2008 年第 19 期。

〔3〕汤啸天：《立法民主与立法质量》，载《探索与争鸣》1999 年第 4 期。

〔4〕王少禹、王福蕾、李继红：《依法适用地方性法规 努力提高审判质量：——河南省高院关于地方性法规适用情况的调研报告》，载《人民法院报》2013 年 11 月 21 日。

的立项程序是地方立法的基础性环节，通过建立完善的立法立项论证制度，对作出科学合理的立法决策、提高地方性法规的立法质量，树立法律权威等方面具有重要意义。[1]

四、地方立法立项机制存在的问题

（一）地方立法立项程序缺乏专门的立法

大部分省市的地方立法是通过一部地方立法条例（规定、办法）对地方立法进行程序性规制，而没有制定专门的地方立法立项法规对立项工作进行全面细致的规制。在地方立法条例、规定、办法等规范性文件中对地方立法立项的程序规定得比较原则、粗陋。如《荆州市人民代表大会及其常务委员会立法条例》对于地方立法立项程序的规定仅仅有第 7 条和第 8 条两个条文予以规定，仅简要设计了地方立法立项的项目征集、立项论证、通过和公布程序，至于地方立法立项程序的其他程序环节均未进行任何设计，对地方立法重要的立项论证程序，也并没有具体规定如何进行立项论证的立法安排。

即使颁行了专门地方立法立项规定的地方，各地的规定也不尽相同。例如，关于地方立法立项的调整程序，《安顺市地方性法规立项办法》第 23 条所设计的程序是"由法工委将调整意见提交主任会议审议后，提请常务委员会会议决定"。而《荆门市地方性法规立项办法》对年度立法项目的调整程序未作规定。关于立法项目的分类，《安顺市地方性法规立项办法》第 21 条规定"立法计划项目分为审议项目和调研项目，审议项目是指当年提请市人民代表大会或者常务委员会审议的项目，调研项目是法规草案文本未形成的立法项目"。而《荆门市地方性法规立项办法》第 5 条将年度立法计划项目划分为年内完成项目、跨年度项目和预备项目。可见，不同地区的立项办法对同一问题的规定是有明显区别的。

实际上地方立法立项程序同其他任何法律机制的程序性安排一样，具有典型的技术性，是一套操作性设置。原则上，各地不应该有太大的差异，如若各地自行其是，具有较大的随意性，将使地方立法立项的严肃性、规范性和权威性大打折扣。

---

[1] 张婷：《论地方立法的立项论证制度》，载《江汉大学学报（社会科学版）》2017 年第 3 期。

（二）立法立项的来源和渠道单一，项目征集缺乏民主性

目前，地方立法机关五年规划的立法项目来源渠道单一，主要出自政府部门申报的项目，人大、政协、司法机关、社会团体和行业组织等单位和组织提出的立法立项所占比例较小。因此，在地方立法立项过程中，要改变这种立项来源过于单一的状况，积极扩大参与地方立法立项的主体范围，拓宽听取立法建议的途径，积极吸取人大、政协、司法机关、社会团体、行业组织、人大代表、普通民众等组织和个人，使其成为地方立法立项来源的重要参与者，全面实现立法的民主性。

（三）地方立法立项缺乏立项标准，立项程序设计得不够精细

在地方立法立项中，虽然遵循了不同上位法冲突、不重复上位法的原则，但对上报的立法项目如何进行筛选，哪些应当立项，哪些不应当立项，仍缺乏具体的标准。实践中，设区的市地方立法的立项标准不明确，大多数地方缺乏立项论证环节。除了广东省等少数地区制定了专门的立项办法外，其他大部分省市并没有制定立项办法，没有明确具体的立项标准，即使进行立项论证，也难以保证论证的质量。[1]

（四）缺乏立项论证机制

1. 立项论证制度适用性较低

截至 2023 年 12 月底，"法信网"统计数据显示，我国现行有效的地方性立法条例共 236 件，我国所有省级人大常委会和大部分设区的市级人大常委会制定了各地的立法条例，但大部分地方立法条例对地方立法立项未做详细的规定，更遑论立法立项论证机制的构建。少数省级地方立法通过制度化的立项论证进行立项筛选，从源头上控制地方立法的急速扩张，其余大部分地方则都未将立项论证作为立法前的必经程序。

2. 立项论证主体范围过窄

立项论证主体即对立项论证报告提出意见的主体。目前，立项论证环节主要由人大专门委员会、法制委员会及法工委参加，并作出初步决策，这是

---

〔1〕 张婷：《论地方立法的立项论证制度》，载《江汉大学学报（社会科学版）》2017 年第 3 期。

一种相对封闭的立项论证。[1]立项论证主体主要由人大和政府机关的人员组成,人大代表、专家、与该项立法可能存在利害关系的普通公民极少参与。然而,地方性法规的制定往往涉及对地方社会关系的调整,会对各方权利义务产生广泛影响,参与主体范围过窄,会影响立项结果的民主性与科学性。也很难保证论证科学合理和充分,论证就难免缺乏全面性和权威性。

五、完善地方立法立项制度的思考

(一) 完善相关立法,制定地方立项办法

如前文所述,《立法法》第 56 条对立法立项仅作了原则性的规定,要求立法机关应当在立法规划、立法计划中科学确定立法项目。据此可见,国家层面的立法,对立项要求比较笼统,只作了简单的原则性规定,即根据经济社会发展和民主法治建设的需要,确定立法项目,立法立项需要广泛征集意见,科学论证评估,提高立法针对性、系统性。

少数省市通过制定立法条例等地方性法规的形式对地方立法立项予以具体详尽的规定。地方立法立项的法律效力位阶较低,约束力较弱,规则的合理性欠缺,且缺乏系统性和可操作性。实践中,地方立法立项存在随意性和缺乏规范性等问题。因此,制定科学的地方立法立项规则,成了现实的客观需要。我们建议,省级地方性法规在不与上位法相抵触的前提下,可以对立法立项的具体实施作出详细的规定。设区的市可以在地方立法条例中详细地对地方立法立项的标准、方法、程序等事项作出具体的规定。只有建立完善的地方立法立项制度,才能使地方立法立项程序步入法制化的轨道,真正实现地方立法的民主化、科学化。

(二) 明确立项标准

我们应该用什么样的标准来确定立法项目、评判立法项目,近年来,我国一些地方陆续出台了立法计划和立法规划的立项标准,例如,广州的《广州市地方性法规立项办法》。从地方立法立项办法来看,结合地方立法立项实践,我们来探讨下立项项目的具体分类和立法立项的具体标准。

---

〔1〕 阎锐:《地方人大在立法过程中的主导功能研究:以上海市为例》,华东政法大学 2013 年博士学位论文。

从立项项目的构成来看，有的地方将列入地方立法规划的立法项目分为以下三类：第一类属于可提交人大常委会审议的项目（审议项目）；第二类属于可能形成草案进入人大常委会审议的项目（预备项目）；第三类属于需要进行调研的项目（调研项目）。

有的地方将列入年度立法计划的立法项目分为两类，正式项目和预备项目。正式项目又分为"审议项目"和"提案项目"。正式项目是符合立项条件，法规草案建议稿相比较为成熟、更具立法紧迫性的建议项目。其中，"审议项目"是当年提请常委会审议的项目，"提案项目"是当年只提案不审议，下一年度进行审议的项目。预备项目是指符合立项条件的其他建议项目，可以作为年度立法计划的立法项目。

我们认为，地方立法立项的具体标准包括以下几个方面：

（1）立法内容不能同宪法、法律、行政法规等上位法重复或冲突，不与同层级其他法规重复，不能照搬照抄上位法和其他地方立法的内容。

（2）立法立项有必要性。一是该项立法是当前本行政区经济、社会生活中，尤其是与社会主义市场经济体制相适应的亟需规范的事项；二是该项立法所涉及的内容需要通过立法调整。

（3）立法立项有可行性。符合本地区的实际，充分反映本地区的经济、政治、文化、风俗、民情等，顺应社会发展需要和社会发展规律，法规的内容具有可操作性。

（4）具有预测性的立法，一般应是纯属地方性事务或具有地方特色的事项，在可预见的时期内不需要制定全国性的法律、行政法规来统一规定的事项。

（5）国家已经出台法律、行政法规，急需地方配套立法的事项。此类实施性立法，不能将国家法律直接移植到地方性法规中。在行政处罚的设定上，地方性法规对处罚行为、种类、幅度的规定不能超越行政处罚法的规定。[1]

（三）建立立法项目公开征集制度

立法项目是否契合社会发展趋势，是否符合人民群众诉求，对于社会发展过程中哪些问题最需要立法加以规范解决。应当说，人民群众的感受最为深刻。地方立法关系人民群众的切身利益，因此，地方立法立项过程中必须

---

〔1〕 蒋传光：《关于完善地方立法立项问题的思考》，载《学习与探索》2005 年第 6 期。

广泛听取民意，集中民智，征求和采纳广大人民群众的立法建议和意见，特别是弱势群体的建议和意见。为此，地方人大要积极拓宽立法建议征集渠道，通过媒体、网络设立征集平台，向社会广泛征求立法意见。公开征集实施方案，明确征集要求，积极引导人民群众提出立法建议，并及时反馈采纳情况。

（四）建立全面的立项论证制度

根据地方立法条例，按照《立法法》的要求，地方立法需要经过严密的启动论证程序。设区的市应当建立全面的立项论证制度，以约束地方立法启动上的随意性。

建立开放的论证机制。为增进地方立法民主性，建立开放容纳多元利益主体参与的立项论证机制必不可少。要扩大论证主体的范围和意见收集的渠道。尤其是涉及公民权利和社会公共利益的问题，应当邀请人大代表、第三方机构的专家、公民代表参与到立项论证中，确保该立法项目的民意基础。在对多个立项建议项目进行论证时，限于立法资源的有限性，即便其都具有必要性、合法性、可行性等立项标准，公众也有权对立项的先后顺序提出意见，以优先解决最紧迫、最重要的问题。

坚持由人大主导立项论证。党的十八届四中全会提出"健全有立法权的人大主导立法的体制机制"，地方立法立项论证机制的建立，主要目的就在于改变当前的"政府提什么，人大审什么"的地方政府主导立法的地方立法模式。因此，立项论证应当在人大主导下进行，避免由政府组织论证。

（五）明确立法立项的方法与程序

首先，设区的市政府各部门的立法立项意向上报给司法局，通过其他渠道提出的立法立项建议或议案进行汇总后送交人大常委会的各专门委员会。其次，由各专门委员会和司法局先进行预审、筛选，形成初步的立法意向，然后汇集到人大常委会法工委。再次，由人大常委会法工委根据立法立项标准拟订一个立法立项规划的初步方案，然后再征求人大常委会各专门委员会和司法局的意见，在此基础上，作进一步的修正，最后确立提交审议的立法规划草案。

立法立项的具体程序为：

1. 制定立法立项工作的总体方案

人大的立法工作机构要负责制定立法立项工作的总体方案，科学、合理的总体方案在很大程度上反映出未来的立法规划、立法计划的大致轮廓，既要反映整个立法工作的连续性，又要反映对下一步立法工作发展变化的科学判断，尤其是要判断好一些重要立法项目的必要性和可行性。

2. 汇总立法建议项目

人大常委会法制工作机构要把人大专门委员会和司法局收集到的、各立法建议主体申报的立法项目进行汇总、分类。

3. 对立法建议项目进行深入研究

人大常委会法制工作机构对申报的每一个立法建议项目都要做个案研究，弄清每一个立法建议项目的调整对象、调整范围、立法目的、立法必要性、立法可行性、立法准备工作情况等问题。在这一过程中去发现问题，取消一些条件尚不成熟的立法项目，筛选出一些地方重点立法项目，合并一些内容重复的立法建议项目。

4. 编制立法项目清单

人大常委会法制工作机构在个案研究的基础上，依据立项标准，对立法建议项目进行比较筛选。对经过筛选、调整和初步审查后选取的立法项目，作出合理的分类安排（如在立法计划中，根据立法项目是否成熟分为审议项目、预备项目、立法调研项目等），编制出立法项目清单。

5. 起草立法规划、立法计划说明

该说明的主要内容是：立法立项的指导思想、主要原则、工作目标、立法工作重点、立法项目的必要性和可行性、立项实施的具体安排和措施等。

6. 组织实施和公布

人大常委会向立法立项建议主体发文组织实施，同时将立法规划、立法计划通过网络、官方媒体等途径向社会公布。[1]

第三节 地方立法起草

一个完整的立法程序包括，立项、起草、审议、表决和公布等。其中，起草是立法过程中一个非常重要的环节，直接关乎立法的文本质量和实施效果。《立法法》对立法草案由谁起草并没有作出具体规定，我国也没有专门从

────────────

〔1〕 穆中杰：《完善地方立法立项机制的研究》，上海师范大学 2005 年硕士学位论文。

事法案起草的组织或机构。在立法实践中，无论是中央立法还是地方立法，无论立法是出自权力机关还是行政机关，政府部门实际行使法案起草权已成为一个惯例。[1]这一做法的弊端之一是"部门利益"极易渗透到立法中。立法学界普遍认为"人大主导立法起草"和"委托第三方立法起草"是防止部门利益渗透到立法中的有效手段。其中，吸收第三方社会力量参与起草，或者完全委托第三方起草立法的做法，实践中早有尝试，2015 年修正的《立法法》中新增加的第 53 条将这一实践尝试上升到立法制度上予以正式确认，2023 年第二次修正的《立法法》，在其第 57 条继续予以肯定。

一、立法起草的模式

立法起草是指由有关机关、组织、人员将拟提交有权机关审议、表决的法的原型按一定的要求形成文字的活动。[2]立法起草在整个立法活动中处于必不可少的基础性环节，也是提高立法质量不可或缺的关键环节。

（一）域外立法起草模式

在西方国家，议会和行政部门均有专门的立法起草机构。立法起草在多个国家均是政府部门的一项重要职能。在英国，维多利亚女王统治初期，政府最重要的立法措施往往是由内务大臣负责提出。该做法几经变迁至 1869 年财政大臣建立了议会顾问办公室作为立法起草的主要机构并一直延续至今，但是议会顾问并不需要对法案所面临的实质性问题提出解决方案，而是仅负责文字工作，首相和大臣才是政策的制定者。

在法国，"法律、命令等的起草一般由对法律主题有专门知识的人来完成……起草往往在部门内进行……"。[3]在明治时代的日本，国家构造中行政权处于强势地位，法律草案基本由行政机关制定，立法机关在审议时很少修改。第二次世界大战后，根据《日本国宪法》，立法权在一定程度上制约着行政权，但法律的制定过程依然没有发生实质性的改变，虽然日本的立法权属于国会，但这里的立法权一般是指法律案的立案、审议和议决等事项。日本法律案的

---

[1] 王书娟：《委托第三方立法起草的理论证成》，载《北京理工大学学报（社会科学版）》2021 年第 3 期。

[2] 周旺生：《立法学》，法律出版社 2004 年版，第 551 页。

[3] [美] 罗伯特·B. 塞德曼编著：《立法服务手册》，赵庆培、杨华译，中国政法大学出版社 1992 年版，第 25 页。

草案往往由内阁法制局或各省的法律事务担当者拟定。国务议员一般是由国民民主选出，其不同于国家公务员，在选出之前可能从事各种职业包括演员、商人、运动员等。若由其起草法案的话，可能无法完成法律制定任务。[1]

（二）我国地方立法起草模式

我国《立法法》对立法草案的起草主体没有作出具体规定，我国也没有专门从事法案起草的组织或机构。《立法法》第58条规定，提出法律案，应当同时提出法律草案文本及其说明。这表明最高立法机关将起草权依附于提案权。[2]同时，《立法法》对地方立法的起草工作也缺乏专门的规定，要求地方性法规、地方政府规章的制定程序参照法律的制定程序。（参见《立法法》第87条、第94条。）

在地方立法实践中，立法事项成为了行政管理事项，基本上都是由政府提出法规案，并享有起草权。政府部门作为具体的行政事务管理机关，往往成为了立法项目实际的提案者和起草者。当然，政府部门作为社会生活的管理者，比其他法定提案主体具有更多的现实立法需求，起草具体的法案，尤其是涉及行政管理的法案，也并非人大的特长。政府部门还具有专业知识、信息资源、管理经验等方面优势，由行政机关起草法案更具有合理性和可操作性，因此，政府部门长期被视为当然的法案起草主体。作为立法机关的人大则更侧重于法案提交审议后的平衡、协调以及作出最终决定。

但是，我们应当看到，政府部门起草的方式存在诸多弊端，最主要的危害是容易造成立法的部门利益倾向。通过立法争取对本部门有利的行政事务管理权，推卸对本部门管理难度大的、不利的行政事务，对公民的义务和处罚设置得过多或不合理等。从而损害了社会公平正义的实现，降低了政府的公信力和形象，破坏了法律的严肃性和权威性。

立法起草决定了立法的质量和生命。因此，立法起草程序的开放性和主体的多元化具有极其重要的意义。应当开辟多种渠道，充分吸纳民意，平衡多方立法需求，增加立法利益供给，可以替代、弥补立法审议阶段所缺失的

---

〔1〕　江利红：《行政过程论研究》，中国政法大学出版社2012年版，第116~118页。

〔2〕　肖子策：《论地方立法起草方式改革》，载《法学》2005年第1期。

功能。委托第三方来立法起草恰恰迎合了这一现实需求。[1]

《立法法》第57条第2款规定:"专业性较强的法律草案,可以吸收相关领域的专家参与起草工作,或者委托有关专家、教学科研单位、社会组织起草。"除此之外,2017年修订的《行政法规制定程序条例》第13条和《规章制定程序条例》第15条也分别规定,起草专业性较强的行政法规(规章),起草部门可以吸收相关领域的专家参与起草工作,或者委托有关专家、教学科研单位、社会组织起草。由此可见,起草主体既可以是政府(起草规章)或政府部门(起草地方性法规),也可以是委托第三方组织或者个人。

据此,委托第三方机构从事立法起草工作从国家法律层面得到了确认,不仅具有法律依据,实践中也得到广泛运用。具体而言,由地方立法机关委托第三方起草,地方立法机关通过招投标的形式,有偿委托大专院校、科研院所、社会组织等单位组织起草。双方通过签订立法起草合同的形式,约定双方的权利义务,受托方以委托方的名义完成立法起草活动,受托方按照合同约定提交立法草案、起草说明、立法研究报告、立法参阅件等相关资料。近年来,委托第三方立法起草的模式从主要适用于专业性、技术性较强的地方立法项目开始,逐渐在地方立法中普遍运用和推广起来。

二、委托第三方立法起草的理论依据

(一)参与式民主理论发展的必然要求

进入现代社会后,随着公民民主意识和权利意识的觉醒,政治与社会进步和人们日常生活的联系愈加紧密。在现代政治学观念中,公民通过特定的参与渠道影响公共决策和控制政治生活,被看作是民主政治制度的标志,政治个体的政治参与行为也成为现代民主政治公认的核心问题。从实践来看,"民主政治的历史本质上就是一部政治参与制度的发展史"。[2]委托第三方立法起草的实践,正是推进公众有序参与立法,保证以人民为中心充分实现的一种新的制度化尝试和探索。第三方机构参与地方立法,有助于将个人利益进行表达与整合,从而推动公众参与立法的有序化。有序的公众参与不仅可

---

〔1〕 王书娟:《委托第三方立法起草的理论证成》,载《北京理工大学学报(社会科学版)》2021年第3期。

〔2〕 郭秋永:《当代三大民主理论》,新星出版社2006年版,第131页。

以使利益主体的利益得到有效维护，也有助于形成维系民主政治可持续发展所需要的社会秩序。因此，第三方对立法起草活动的实质性参与有助于切实增强地方立法的民主性。

（二）经济学视角下的成本效益考量

法律是一种公共产品，由公共部门来提供，可以把国家立法机关制定的法律看作是公共部门向全社会提供的一个公共产品。根据委托代理理论，这个公共产品的生产过程可以和提供相分离，即法律制度的生产过程可以完全由公共部门完成，也可以委托私人部门来完成。以哪一种方式完成法律这一公共产品的生产，取决于对成本效益衡量后的选择。委托第三方来完成法律制度的生产过程，相较于公共部门自身完成，如果可以通过较低的成本实现更高的效益，这种做法就具有经济学的正当性。立法成本如何计算，立法效益如何衡量？应当认识到，法律制度的效益具有特殊性，显然不能简单地用经济成本来核算，对经济成本的分析一般也不被认为是法学的任务。立法的效益应当包括各方面公益的综合指标分析，如人权保障、公正、民主等，有效益的立法产品应该是"更科学的立法"。从立法法的规定来看，什么是"科学的"立法，首先是符合社会实际，符合事物发展的客观规律，其次是能够平衡各方利益关系。政府通过购买服务的方式，将专业的第三方机构、人员和工作方法引入立法起草领域，通过专业化的运作提高立法草案的质量，更好地平衡各方利益，也解决了政府垄断立法供给所造成的问题。[1]

（三）《立法法》为之提供了明确的法律依据

《立法法》第 6 条第 2 款明确规定："立法应当体现人民的意志，发扬社会主义民主，坚持立法公开，保障人民通过多种途径参与立法活动。"这一规定作为《立法法》的基本原则之一，指导立法权的具体行使，体现公众可以通过多种形式参与立法过程的各个环节。《立法法》第 39 条第 1 款规定："列入常务委员会会议议程的法律案，宪法和法律委员会、有关的专门委员会和常务委员会工作机构应当听取各方面的意见。听取意见可以采取座谈会、论证会、听证会等多种形式。"以上表明作为普通公民享有通过不同形式对立法草案发表意见的权利。另外，《立法法》第 57 条第 2 款规定："专业性较强的

---

〔1〕　魏中龙：《政府购买服务的动作与效率评估研究》，武汉理工大学 2011 年博士学位论文。

法律草案，可以吸收相关领域的专家参与起草工作，或者委托有关专家、教学科研单位、社会组织起草。"这一规定明确了"有关专家、教学科研单位、社会组织"不仅可以参与立法起草权的行使，而且可以通过接受委托的形式，行使法案的起草权。以上《立法法》的相关规定，为委托第三方机构进行立法起草提供了明确的法律依据。

三、委托第三方立法起草的意义

（一）委托第三方立法起草有助于增强立法的民主性

立法参与是政治民主的重要内容，不仅影响政治与社会生活，还直接推进民主进一步发展，实现政治现代化。党的十八届四中全会提出："坚持人民主体地位。人民是依法治国的主体和力量源泉。""健全立法机关主导、社会各方有序参与立法的途径和方式，探索委托第三方起草法律法规草案。"党的十九届四中全会指出："坚持科学立法、民主立法、依法立法，完善党委领导、人大主导、政府依托、各方参与的立法工作格局，立改废释并举，不断提高立法质量和效率。"2020年11月16日至17日，习近平总书记在中央全面依法治国工作会议上做重要讲话，就推进全面依法治国提出了11个方面的要求，其中强调"要坚持以人民为中心……要把增进人民福祉落实到全面依法治国各领域全过程"。

委托第三方立法起草，正是推进公民有序参与立法，保证人民当家作主充分实现，坚持以人民为中心的一种新的制度化尝试和探索。第三方对立法起草活动的实质性参与，有助于切实增强立法的民主性。

（二）委托第三方立法起草有助于平衡各方利益

立法理论一般认为，一个科学的立法首先要符合社会实际，符合事物发展的客观规律，其次要能够平衡各方利益关系。随着经济和社会结构的多元化发展，现代中国社会不同利益群体之间的关系日益复杂，即使对于同一利益群体而言，也存在着不同的目标和诉求，处于管理者地位的政府部门很难接受这种零散的、无序化的公众利益表达。如何保证不同的利益群体有效地参与立法与政策形成，将立法起草委托给第三方时，第三方就可以发挥良好的沟通桥梁作用，利用专业化的知识对各方利益加以分析判断，确定在某一具体领域中，各种实际利益结构及其运作机理如何，再从中立的立场出发，对各种利益加以权衡后作出合理的立法选择。相较于传统的政府部门起草，所带来的立法部门利益化倾向的明显弊端，委托第三方立法起草有助于协调各方利益，平衡部门之间的利益关系。

（三）委托第三方立法起草有助于立法专业化、科学化，提高立法质量

随着行政管理日趋专业化，设区的市在城乡建设和管理、生态环保等高度专业性领域的立法起草活动，只有行政机关、技术专家更熟悉和精通。晦涩的专业术语和生僻的技术条款，令普通公众望而却步。立法起草是一项专业性和技术性极强的活动，现代社会不断趋向于精细分工和高度专业化，精通任何一项工作都需要专门的学习和经验。委托第三方立法起草，立法起草团队成员包括法律专家、专业技术专家等人员，多领域专家的参与和论证，以专业性和中立性来保证立法的科学性。通过组织化的第三方对分散的利益诉求进行表达，来保证立法的民主性，从而切实提高地方立法质量。公众对立法的参与既缺乏有效信息又难以有序表达，因而终难取得实效。对此，专业化的、有组织的第三方来起草立法则可以弥补这些不足。

四、委托第三方立法起草的步骤

20 世纪 90 年代，《立法法》出台前，根据立法实践中的具体做法，立法学者周旺生教授提出了立法起草的十个基本步骤：①作出法案起草的决策。②确定起草机关。③组织起草班子。④明确立法意图。⑤进行调查研究。⑥搭架子和拟出法案提纲。⑦正式起草法案。⑧征求有关方面的意见和协调论证。⑨反复审查和修改。⑩形成法案正式稿。〔1〕

根据我国《立法法》的规定和地方立法实践，我们认为委托第三方立法起草的程序步骤主要包括：

第一，确立起草主体。第三方立法起草机构接受地方立法机关的委托，行使起草权。地方立法实践中，多是由政府部门作为起草者，通过招投标的方式委托第三方起草立法。双方通过签订立法起草合同的形式，约定双方的权利义务，受托方以委托方的名义完成立法起草活动，受托方按照合同约定按时提交立法草案文本、起草说明、立法研究报告、立法参阅件等相关资料。

第二，开展立法调研。为进一步了解立法项目相关具体情况，第三方立

---

〔1〕　周旺生：《论法案起草的过程和十大步骤》，载《中国法学》1994 年第 6 期。

法起草机构在人大的主导协调下，会同政府部门开展立法调研活动。旨在获取直观认识，收集立法信息。方式包括公开向公众和媒体征集法案起草意见以及展开实地现场调研等。这可使起草主体了解社情民意，了解起草的法案所涉及的各个利益相关者的立场，以便对起草的法规、规章所涉及的相关问题有清晰的认识，对相关主体的各种社会关系和利益有深刻的把握。

第三，拟定提纲框架。立法调研之后，起草主体就可以着手草案提纲的构思和撰写。正式起草之前，撰写草案提纲必不可少，这好比是设计图纸对建设高楼大厦的指导作用。草案提纲主要包括：草案的名称、立法目的、立法原则和立法精神、章节条款的安排、每章的重要制度和需要解决的问题等内容。

第四，正式起草。在搭建好提纲框架的前提基础上，按照立法原则和立法精神，逐条起草草案内容。

第五，征集意见，反复修改。完成草案起草只是"万里长征的第一步"，后期还需要反复修改打磨。起草主体可以在人大的主导下，组织召集相关政府部门、企事业单位等相关利益主体针对草案提出修改意见，反复修改，形成草案定稿。

第六，形成草案送审稿。由第三方立法起草机构提交委托方，接下来由司法局进行合法性审查，最后由人大进行审议通过。

五、委托第三方立法起草需要注意的问题

（一）保持第三方立法起草机构的独立性，发挥人大主导立法的积极作用

我国地方立法起草的主体绝大多数是政府及其工作部门，其他少有的受托起草的组织或个人，也只不过是参与人或起草人而已，这些受托人在一定程度上难免受制于政府及其工作部门，缺乏相对的独立性。

地方政府部门在行政管理活动中，最容易发现社会管理中存在的问题和立法缺失，具有推动立法的敏锐力和积极性，由其提出立法议案更为合适。然而，目前许多法规草案由政府有关部门提案、起草，部门主导立法的问题普遍存在，容易导致各相关部门因利益冲突而相互推诿，使得该立的法迟迟立不起来。其次，由于部门主导立法起草而致使部门利益法律化的倾向更为明显。

解决立法起草部门利益化的根本途径：一是加强人大主导立法，发挥人大及其常委会在立法工作中的主导作用。一项法规案提出议案后，后续程序要经过人大及其常委会审议、修改、表决等程序，其中的每一个环节和程序，都有足够的时间空间对不正当的部门利益进行过滤和消减。例如，设区的市人大制定地方性法规时，仅在审议阶段，就要经过常委会会议一般至少3次的审议，还要向各方面反复征求意见，这些立法程序的开展，还是有充分的时机逐渐解决不正当部门利益的。[1]二是保持第三方立法起草机构的独立性。第三方立法起草机构与政府部门签订立法委托合同，行使立法起草权。不代表任何部门，保持中立公正，通过调查研究，利用专业化的知识对各方利益加以分析判断，平衡协调各方利益关系，客观公正地作出立法选择。

（二）第三方立法起草机构的遴选和人员组成

第三方立法起草机构的产生方式，可以采用招投标的形式进行，从科研院所、高等院校、律师事务所等专业机构中产生。

也有学者建议，起草人员可实行专家名录制，建立立法专家库。将各领域中专业技术精湛、立法经验丰富的法律学者和技术专家，聘请为起草机构的专家成员。专家成员可实行专职或者兼职，建立选聘制度和程序，通过立法予以确定，形成完整的人员选聘制度。按照一定的规则，从专家库中，依照法定的程序和一定比例，选择一定数额的成员，组成起草小组，负责起草具体地方性法规或政府规章立法草案。[2]

（三）立法起草的经费保障和提供相应报酬

立法是一项系统工程，必须开展一系列的相关活动。如，实地调研、评估论证、收集和查阅大量的资料等。这些活动均需要消耗大量的时间、精力和财力，必须有专项财政经费的投入来保障，否则"巧妇难为无米之炊"，提高立法质量只能是一句空话。因此，政府本级财政预算中应当设立立法的专项经费，支付立法起草所需费用。如果受人力、财力、物力的制约，起草单位极有可能闭门造车，东拼西凑，草率从事。在这种情况下，立法的质量必然会大打折扣。立法起草工作需要经费的保障才能顺利进行，因此，给予起草

---

〔1〕　刘松山：《人大主导立法的几个重要问题》，载《政治与法律》2018年第2期。

〔2〕　肖萍、周娟、辛振宇：《论地方立法起草主体法律规制的完善》，载《江西社会科学》2013年第12期。

者相应报酬是合法合理的。

结　语

在地方立法主体扩容以后，针对设区的市立法人力与能力不足的现实，委托第三方立法起草呈现扩大之势。委托第三方立法起草虽然兼具正当的理论基础和现实的客观需要，但未来需要深入研究的关键问题，仍然是将这一立法起草模式的实践探索纳入制度化运行的轨道。

◇ 资料链接 1——地方立法起草的调研报告示例

XX 市电动自行车管理立法调研报告

为有效维护道路交通安全，起草符合市情的《XX 市电动自行车管理条例（草案）》，XX 市公安局特委托本课题组对 XX 市电动自行车管理地方立法工作进行调研。调研工作分为两大部分：一是以现行中央和地方立法为基础，开展规范性研究，二是对城区电动自行车销售商进行访谈，同时对 XX 市电动自行车骑行者进行问卷调查，在此基础上开展实证性研究。现将后一部分研究情况报告如下：

一、对电动自行车销售商的访谈情况

（一）访谈经过

2020 年 6 月 22 日—6 月 26 日，课题组成员到城区槐荫大道、分丝路等电动自行车销售门店较为集中的路段开展走访调查。课题组成员共调查了 10 家销售门店及 3 家销售及维修一体门店（以下合称"经销商"），涉及新大洲、绿源、立马、宗申、欧派、新蕾、台铃、小牛等电动自行车品牌，除 1 家经销商明确表示拒绝接受调查以外，其他各家均配合开展了调查工作。调查采用访谈和观察两种方式进行，主要围绕在售电动自行车的合标情况，非合标车的回购情况，配售头盔情况，购车群体基本情况，对电动自行车登记上牌的看法以及带牌销售意愿等问题展开。

（二）主要内容

1. 在售电动自行车的合标情况。除 2 家经销商表示在售电动自行车全部

为新强制性国家标准《电动自行车安全技术规范》（GB17761-2018，下称"新国家标准"）实施后生产的车辆以外，其他经销商均表示仍然有一部分库存电动自行车不符合新国家标准，占比在10%~30%左右。并且，有3家经销商明确表示所售车辆完全符合新国家标准的经销商其实是没有的。骑行踏板是新标准下电动自行车的"标配"，从现场观察情况来看，有近1/3的销售门店还有待售的无骑行踏板电动自行车。

2. 非合标车的回购情况。除3家经销商明确表示没有回购情况以外，其他各家均表示一直在提供以旧换新业务，并且置换的旧电动自行车基本上都采用直接报废的方式进行处理，不再进行二次销售。

3. 配售头盔情况。除1家经销商表示不配售头盔、1家经销商表示100%配售头盔以外，其他经销商均表示高档电动自行车直接配送头盔、低端电动自行车则需加价购买头盔。所有的经销商均表示配售头盔的价格实际上包含在整车价格中，除非厂商有专门的优惠政策。

4. 购车群体基本情况。经销商对电动自行车购买群体的认知基本相同，都认为购买电动自行车的群体绝大多数是中低收入群体。电动自行车轻巧方便，价格低廉，骑行成本低，是中低收入群体工作、生活的最佳出行工具。

5. 对电动自行车登记上牌的看法。经销商对城区开展电动自行车登记上牌工作均有所了解，对相关政策基本都表示支持。只有个别经销商认为登记上牌没有必要，认为购买电动自行车就是为了节约成本、方便出行，采取登记上牌以及配套管理措施会导致出行成本增加。

6. 带牌销售意愿。除1家经销商表示带牌销售没有必要以外，其他经销商均表示带牌销售方便购车者，愿意提供带牌销售服务。同时，带牌销售是否会导致销售成本上升也是经销商普遍关心的问题，经销商都希望在方便顾客的同时能尽量节约时间成本和经济成本。

二、针对电动自行车骑行者的问卷调查情况

（一）问卷调查概况

为充分了解XX市电动自行车骑行者的基本情况，XX市地方立法研究中心设计了一份"XX市电动自行车管理调查问卷"，该问卷由27道封闭式题目和1道开放式题目组成，其中客观题27道，主观题1道。问卷不预设立场，不设置禁区，力求获得真实、详尽的一手资料。本次调查通过无记名网络问

卷的方式进行，主要面向 XX 城区电动自行车骑行者，共获得问卷 489 份，其中有效问卷 419 份。

（二）主要内容

1. 骑行者及电动自行车的基本状况。从年龄上看，第一次骑电动自行车时已满 16 周岁的占比最大（85.68%），14 周岁—16 周岁、12 周岁—14 周岁、未满 12 周岁占比较小且依次降低。现在仍然经常骑电动自行车的占比 76.85%，有近 1/4 的被调查者已不经常骑车。所骑电动自行车购买时间上，新国家标准颁布前购买的占将近一半，占比最大（见图 1-1），新国家标准出台之后实施之前的过渡期内购买的占比较小，与新国家标准实施之后购买的占比基本相当。对于自己骑行的电动自行车是否符合购买时的国家安全标准，63.94% 的调查对象作出了肯定回答，2.16% 的调查对象作出了否定回答，33.9% 的调查对象对此并不清楚。关于电动自行车是否安装遮阳伞或挡风被等装置的问题，14.52% 的调查对象作出了肯定回答，85.48% 的调查对象表示未安装此类装置。

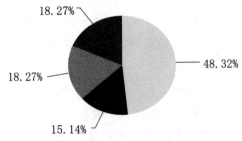

图 1-1　所骑行的电动自行车购买时间

2. 骑行者对电动自行车管理地方立法的认同情况。在是否赞同以地方立法的形式加强 XX 市电动自行车管理的问题上，约 2/3 的调查对象作出了肯定回答，明确表示反对的只占 6.73%，另有 1/4 的调查对象表示处于两难境地（见图 1-2）。

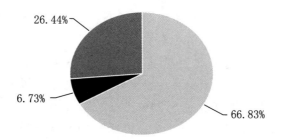

26.44%

6.73%

66.83%

▨ 赞同，骑行电动自行车也应当严格守法　　■ 不赞同，骑行电动自行车就是为了方便
▨ 说不清楚，不管不行，管多了对出行不利

图 1-2　是否赞同以地方立法的形式加强 XX 市电动自行车管理

在赞同电动自行车管理地方立法的调查对象看来，加强骑行管理、加强停放管理、加强生产和销售管理是加强电动自行车管理的三项重要内容，占比分别为 78.87%、62.11%、61.08%，值得注意的是，强制购买保险得到了 23.71% 的调查对象的支持。

3. 电动自行车的停放情况。68.27% 的调查对象称自己骑车外出时，将电动自行车停放在指定的非机动车停放区域，在路边空地和任何方便自己停放的地方停放的，分别占比 43.27% 和 12.02%，共计 55.29%。87.98% 的调查对象认为 XX 市存在电动自行车停放混乱的情况，持反对意见的仅占 12.02%。

4. 电动自行车交通事故认知情况。调查对象中，亲眼见过电动自行车交通事故的，占比 67.14%，亲身经历过电动自行车交通事故的，占比 15.96%；二者都没有的只占 22.62%。对 "电动自行车交通事故多发" 的说法，88.33% 的调查对象表示完全认同或部分认同，仅 11.67% 的调查对象表示不认同。以上两项数据与交警支队提供的材料中 "电动车交通事故多发" 的结论是基本一致的。在认同 "电动自行车交通事故多发" 的调查对象看来，逆向行驶、随意横穿道路、闯红灯、在机动车道行驶、分心驾驶居于电动自行车交通事故原因前列。

5. 电动自行车的充电情况。10.24% 的调查对象称自己骑行共享电动车，不操心充电之事。这一较高的比例与校园周边 2017 年前后集中投放共享电动自行车（"小绿"）以及近期城区范围内大规模投放哈啰出行电动自行车（"小蓝"）密切相关。其他调查对象中，在家中和指定的地点充电者居多数，分别占比 56.9%、34.29%，在楼梯间等公共走道充电、拉电源插排到停放处充电以及在其他地方充电者尽管占比不高，但数据也不容忽视。74.76%的调查对象认为需要禁止电动自行车在公共走道、楼梯间、安全出口处等公共区域停放或充电，认为不需要禁止的占比 9.53%，态度不明确的占比 15.71%。94.76%的调查对象支持在城市设置电动自行车集中停放和充电的车棚及充电设施，不支持者仅占 5.24%。

6. 电动自行车骑行管理规范的认知情况。（1）关于骑行电动自行车的速度，54.52%的调查对象认为应当在 20 千米/小时—30 千米/小时之间，认为应当高于 30km/h 的占比 29.05%，认为应当低于 20km/h 的占比 16.43%。可见多数调查对象的观点与新国家标准的要求基本一致。（2）关于电动自行车后座载人问题，83.81%的调查对象认为应当允许搭载 1 人，6.19%的调查对象认为应当允许搭载超过 1 人，10%的调查对象认为不应当允许载人。（3）关于骑车戴头盔问题，72.14%的调查对象认为有必要，12.86%的调查对象认为没有必要，说不清楚的占 15%。（4）关于电动自行车强制保险问题，36.9%的调查对象持支持态度，52.62%的调查对象表示反对，10.48%的调查对象态度不明确。（5）关于骑行电动自行车的最低年龄，认为应当年满 16 周岁和年满 18 周岁的占比较高，分别为 48.33%和 43.57%，认为年满 12 周岁即可的仅占 2.38%，认为应年满 14 周岁的占 5.72%。（6）关于电动自行车登记上牌问题，67.62%的调查对象持赞成态度，32.38%的调查对象持反对态度。（7）关于骑行时最应当禁止的行为问题，逆向行驶、酒后驾驶、安装使用遮阳伞挡风被等装置、双手离把或手中持物、边骑边使用手机、任意变道或转向位居前六名，占比最高 83.33%，最低 43.33%。而就骑行过程中的实际表现来说，认真遵守交通法规、没有常见违法行为的调查对象占 18.81%；存在常见交通违法行为的调查对象占绝大多数。其中，除不戴头盔以外，其他违法或不当行为中，搭载成年人、逆向行驶、安装使用遮阳伞挡风被等安置、并排骑行边骑边聊家常、边骑边使用手机、任意变道或转向位居前列。（8）关于搭载未成年人的问题，支持者占 53.1%，反对者占 26.66%，态度不明确者占 20.24%。支持者中，支持搭载全部未成年人的占比最高，为 41.7%，支持搭载其他年龄段未成年人的调查对象占比依次降低（见图1-3）。（9）关于骑行电动自行车过程中违法行为的罚款数额，每次 20元以下和每次 50 元以下占比最为突出，分别为 47.88%和 28.54%，每次 100元以下，赞成者占比 12.03%，每次 30 元以下及超过 100 元占比最小，分别是 6.48% 和 5.07%。

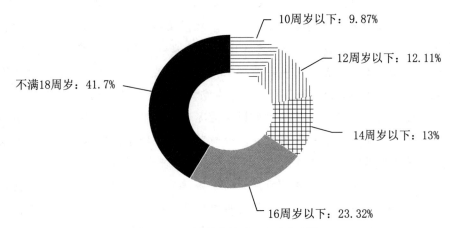

图 1-3 支持搭载的未成年人年龄段

7. 关于电动自行车管理的其他建议情况。问卷最后一道是开放式题目，由调查对象就 XX 市电动自行车管理提出其他建议，共有 177 名调查对象回答了本题，其中有效答卷 141 份。其中，加强骑行管理，对电动自行车驾驶员加强交规教育，尽快出台地方立法，在立法和执法中尽量体现人文关怀，规范电动车停放等建议出现频次较高。

三、关于 XX 市电动自行车管理及地方立法的建议

我们认为，调研过程中发现的销售者、消费者双方都存在的一些突出问题，需要通过多种方式协调解决，既需要推动立法进程，以实现有法可依，又需要强化日常监管，做好动态化管理。

（一）关于电动自行车销售管理方面的建议

1. 敦促经销商尽快将非合标车库存清零。目前 XX 市还存在较大规模的非合标电动自行车库存量，这从源头上给 XX 市电动自行车的规范化管理带来了消极影响。多数经销商表示退货存在障碍，只能采取尽快销售出库的方法解决问题。鉴于 XX 市公安局公布的《XX 市公安局关于开展电动自行车集中登记上牌工作的通告》中明确规定，2020 年 10 月 1 日起，不再办理电动自行车临时登记业务，为确保经销商的合法权益，后期应当加大宣传力度，敦促

经销商尽快销售这一部分车辆。同时，应当加强对这一部分非合标车的监管，登记办理临时牌照，将其上路行驶的权利严格限定在 3 年过渡期内。

2. 强化电动自行车销售环节的监管。新国家标准颁布已两年有余，实施也早已超过一年，但目前非合标车还比较普遍地存在于各经销商在售车型中。这表明"徒法不能以自行"——新国家标准尽管具有强制性，但如果行政机关监管职责落实不到位，则经销商很难自觉做到遵纪守法。2020 年 10 月 1 日起，监管部门更应当对电动自行车销售情况进行严格监管，以防止非合标车流入市场，进而损害消费者的利益。为规范、引导经销商的销售行为，可以考虑在条件成熟时实行电动自行车销售目录或公告管理等措施。

3. 顺应经销商带牌销售的意愿，推动带牌销售工作顺利开展。带牌销售可以给消费者提供较大的便利，同时也可以节约公安机关的人力、物力，因而可以考虑在集中登记活动结束之后，部署开展带牌销售工作。

4. 对购买电动自行车的消费者开展必要的交通安全教育，倡导其购买责任保险。无论是从本次课题组调查所了解到的情况还是市公安局已经掌握的实际情况来看，购买电动自行车的消费者多为中低收入群体。这一群体交通安全意识较为薄弱，有必要在购买电动自行车时通过适当的手段对其进行交通安全教育，使其掌握必要的交通安全知识，以利于后期的骑行管理。并且，这一群体抗风险能力相对较弱，在法律法规没有明确规定电动自行车强制责任保险的情况下，公安机关可以通过经销商以及保险公司加大宣传力度，倡导其购买责任保险，以增强电动自行车骑行者的风险抵御能力，减轻交通事故给家庭带来的经济负担，进而促进社会和谐发展。

（二）有关电动自行车骑行管理方面的建议

1. 加大法治宣传力度，普及"上路行驶，即须守法"的观念，为地方立法的出台做好铺垫。从调查情况来看，约 2/3 的调查对象赞成以立法的方式强化我市电动自行车管理，这是可喜的一面。同时，我们也应当看到，约 1/3 的调查对象没有明确表示赞成，这表明广大骑行者的法治意识还存在一定的欠缺。在电动自行车地方立法已经提上议事日程的情况下，有必要结合《道路交通安全法》及其实施条例、《湖北省实施〈中华人民共和国道路交通安全法〉办法》等已有法律法规的规定，通过多种渠道，发挥国家机关、企事业单位以及基层组织的力量，加大宣传力度，使民众强化规则意识，树立参与道路交通就应当遵守交通法规的观念，为地方立法的出台以及出台后的进一步严格管理做好铺垫。

2. 原则性与灵活性相结合，立足本地实际开展地方立法。地方立法是加大电动自行车管理力度的基础性工作，对电动自行车管理具有重要的意义。既然是地方立法，具备地方特色、"接地气"是其必不可少的特征。例如，在是否允许搭载未成年人方面，鉴于中心城区以及各县（市、区）中心区域普遍存在家长骑电动自行车接送子女上学的现象，以12周岁、14周岁等较低年龄作为禁止界限，则立法的可接受度将受到影响。又如，在电动自行车停放方面，鉴于老城区街道狭窄，很多道路没有划定专门的非机动车道，人车混行、机动车与非机动车混行的情况较为严重，如果不有效规范电动自行车的停放行为，则会进一步加剧交通拥堵，破坏交通秩序，甚至危害交通安全。还有，从保有量上来看，电动自行车已成为市民出行的主要交通工具，但配套服务设施还极不健全，指定的停车区域、专门的充电场所、设施都较为匮乏。因此，有必要在立法上强调政府的相应职责，同时动员社会资本参与相关场所、设施的建设，以做好配套服务工作。此外，鉴于电动自行车交通违法行为较为普遍和突出，设定罚则时，单次违法行为的罚款数额应处于合理范围之内，否则立法目的可能受到民众的质疑，立法的可接受度会受到影响。值得强调的是，我市中心城区已出现共享电动自行车，并得到了广大市民的积极响应，对这种特殊的电动自行车专门设定必要的管理规范也是很有必要的。

3. 强化电动自行车骑行管理，加大电动自行车违法行为查处力度。电动自行车对于广大市民来说是一柄双刃剑，一方面它灵活便捷、方便生活，另一方面电动自行车交通违法行为突出，交通安全隐患较为严重。为扬长避短、趋利避害，应当做好电动自行车的生产和销售管理、上牌登记、骑行管理、停放管理、充电服务等多方面的管理工作。其中，骑行管理以及相应的处罚措施应当是电动自行车管理的中心工作。从调查情况来看，骑行电动自行车过程中违法或不当行为五花八门，且发生的概率非常高。为保障交通安全，维护交通秩序，应当下大力气做好电动自行车骑行管理工作。在XX市地方立法尚未出台的情况下，可以先以上位法中的既有规范为依据，充分利用集中登记上牌取得的成果，严格执法，加大对电动自行车交通违法行为的查处力度。对上位立法规制力度不足的交通违法行为，在XX市地方立法过程中认真细化和完善，使执法有章可循。

总之，通过地方立法的形式加强 XX 市电动自行车管理非常必要，在立法过程中应当结合我市实际，因地制宜进行制度创新，使立法接地气、顺民心，为 XX 市经济社会可持续发展起到积极的推动作用。在地方立法尚未出台的情况下，市公安局已着手推进电动自行车集中登记上牌工作，为后续管理夯实了基础。今后，公安、市场监管、工信、城管等部门还应当在现行法律制度框架之内，进一步加大执法力度，做好地方性法规出台前的电动自行车管理工作，为法治 XX 建设起到良好的促进作用。

XXX（立法起草第三方机构名称）

2020 年 8 月 10 日

◇ 资料链接 2——地方立法起草的立法研究报告示例

XX 市电动自行车管理立法研究报告

为有效维护道路交通安全，起草符合市情的《XX 市电动自行车管理条例（草案）》，XX 市公安局特委托本课题组对 XX 市电动自行车地方立法工作进行调研。调研工作分为两大部分：一是以现行中央和地方立法为基础，开展规范性研究，二是在对 XX 地区电动自行车销售商进行访谈和对 XX 市电动自行车骑行者进行问卷调查的基础上，开展实证性研究。现将立法研究情况报告如下：

一、有关电动自行车管理的地方立法概况

（一）省外立法概况

1. 地方性法规。截至 2020 年 7 月 5 日，湖北省以外共有浙江、江苏、南昌、海口、湛江、衢州、太原等省市制定了有关电动自行车管理的地方性法规，具体情况见表 1-1：

表 1-1　湖北省外有关电动自行车管理的地方性法规一览表

序号	法规名称	公布时间	实施时间	体例	备注
1	浙江省电动自行车管理条例	20200515	20200701	未分章节，内容涵盖电动自行车生产、销售、登记、通行、停放及其相关管理活动	共 29 条
2	江苏省电动自行车管理条例	20200515	20200701	第一章　总则 第二章　生产、销售和维修 第三章　登记和通行 第四章　保障和监督 第五章　法律责任 第六章　附则	共 46 条
3	太原市电动自行车管理条例	20171204	20180501	第一章　总则 第二章　生产、销售管理 第三章　登记管理 第四章　道路通行 第五章　保障与监督 第六章　法律责任 第七章　附则	共 46 条
4	衢州市市区电动自行车管理规定	20161212	20170501	未分章节，内容涵盖电动自行车的生产、销售、登记、道路通行等活动	共 35 条
5	湛江市电动自行车管理条例	20190429	20200801	第一章　总则 第二章　登记 第三章　通行 第四章　消防安全 第五章　废铅蓄电池回收 第六章　法律责任 第七章　附则	共 44 条
6	海口市电动自行车管理办法	20110928	20120101 20151127	未分章节，内容涵盖电动自行车的生产、销售、登记、通行和停放管理	修正版，共 60 条

续表

序号	法规名称	公布时间	实施时间	体例	备注
7	南昌市电动自行车管理条例	20160608	20160901	第一章　总则 第二章　生产和销售 第三章　登记 第四章　通行 第五章　法律责任 第六章　附则	共34条

2. 地方规章。截至 2020 年 7 月 5 日，湖北省以外地区共有贵州、甘肃、广西、新疆、云南等省、自治区以及福州、昆明、成都、贵阳、景德镇等市人民政府发布有关电动自行车管理的地方规章，具体情况见表1-2：

表1-2　湖北省外有关电动自行车管理的地方规章一览表

序号	规章名称	公布时间	实施时间	体例	备注
1	贵州省电动自行车管理办法	20130308	20130501 20200501	未分章节，内容涵盖电动自行车的生产、销售、登记、道路通行及其管理	修正版，共26条
2	甘肃省电动自行车残疾人机动轮椅车管理办法	20161228	20170701	未分章节，内容涵盖电动自行车的生产、销售、登记和道路通行及相关管理活动	共34条
3	广西壮族自治区电动自行车机动轮椅车管理办法	20130707	20130810	未分章节，内容涵盖电动自行车的生产、销售、登记、通行管理	共28条
4	新疆维吾尔自治区电动自行车管理办法	20140103	20140501	未分章节，内容涵盖电动自行车的生产、销售、登记、道路通行及其管理	共29条
5	云南省电动自行车管理规定	20121211	20130401	未分章节，内容涵盖电动自行车的生产、销售、登记、道路通行等活动和道路交通安全管理	共25条

续表

序号	规章名称	公布时间	实施时间	体例	备注
6	福州市电动自行车通行管理规定	20031020	20031201 20100520 20150917	第一章 总则 第二章 销售管理 第三章 登记报牌 第四章 通行管理 第五章 法律责任 第六章 附则	已修正，共36条
7	昆明市电动自行车管理规定	20110908	20120101	未分章节，内容涵盖电动自行车的生产、销售、登记、道路通行管理及其他相关活动	已废止，与管理实际不符，且被省级规章涵盖
8	成都市电动自行车管理规定	19980813	19980813	未分章节，内容涵盖电动自行车登记、年审、骑行、停放及其管理活动	共23条
9	贵阳市电动自行车管理规定	20150924	20150924	未分章节，内容涵盖电动自行车的生产、销售、登记、道路通行及其相关管理活动	共40条
10	景德镇市超标电动车临时通行管理暂行办法		20140501	未分章节，内容涵盖超标电动车的生产、销售、办理临时通行标志、上路行驶管理等	共21条，已废止
	景德镇市电动自行车管理办法	20190104	20190415	未分章节，内容涵盖电动自行车的生产、销售、登记、道路通行以及相关管理活动	共43条

　　除上述正式立法文件以外，湖北省以外还有约26个省（区、市）采用发布行政规范性文件的方式规范电动自行车的生产、销售、登记与骑行管理。例如，仅山东省就有省公安厅、市场监管局以及淄博、泰安、枣庄等市人民政府相继发布相关行政规范性文件，对电动自行车的生产销售、登记服务、通行管理等活动进行调整，浙江省有杭州、绍兴、衢州、台州等市人民政府

发布行政规范性文件，对电动自行车生产销售、上牌登记、超标电动车防盗备案登记、违规停放整治等进行规范与调整。

（二）省内立法概况

除《湖北省实施〈中华人民共和国道路交通安全法〉办法》为全省电动自行车管理提供一般性依据以外，省内多个市州已启动电动自行车管理的专门立法，形成了多部地方性法规和规章。

表1-3　湖北省内有关电动自行车管理的地方性法规和地方规章一览表

序号	法规规章名称	公布时间	实施时间	体例	备注
地方性法规					
1	宜昌市电动自行车管理条例	20181204	20190501	第一章　总则 第二章　生产与销售 第三章　登记与服务 第四章　通行与保障 第五章　法律责任 第六章　附则	共31条
2	襄阳市电动车管理条例（草案）	——	——	第一章　总则 第二章　生产与销售 第三章　登记与备案 第四章　通行与停放 第五章　法律责任 第六章　附则	征求意见中，共60条，涵盖各种电动车型，不限于电动自行车
地方规章					
3	武汉市电动自行车管理暂行办法	20110614	20110617	未分章节，内容涵盖电动自行车的销售、登记上牌和通行管理	已废止，共26条
4	武汉市非机动车管理办法		20190415	第一章　总则 第二章　一般性规定 第三章　电动自行车 第四章　互联网租赁自行车 第五章　法律责任 第六章　附则	适用于各类非机动车，共36条

续表

序号	法规规章名称	公布时间	实施时间	体例	备注
			地方性法规		
5	襄阳市电动车管理暂行办法	20130108	20130108	第一章　总则 第二章　销售管理 第三章　注册登记和通行管理 第四章　法律责任 第五章　附则	适用于各类电动车型，共23条
6	黄冈市电动自行车管理办法	20200527	20200701	未分章节，内容涵盖电动自行车的生产、销售、登记上牌、道路通行及其管理	
7	鄂州市电动车管理暂行办法	20161128	20170201	第一章　总则 第二章　职责分工 第三章　生产销售 第四章　注册登记和备案 第五章　通行管理 第六章　法律责任 第七章　附则	适用于各类电动车型，共58条
8	随州市电动自行车管理暂行办法		20150326	第一章　总则 第二章　销售管理 第三章　注册登记和通行管理	共26条，未见官方文本

此外，荆州市、咸宁市人民政府以及黄石市公安局还通过发布行政规范性文件的方式对电动自行车管理行为进行规范，为XX市地方立法提供了可资借鉴的素材。

（三）现有地方立法评述

从现有省内外地方立法情况来看，各地有关电动自行车管理的立法理念及具体措施同中有异。相同之处主要表现在各地地方性法规或地方规章都着眼于对电动自行车的生产、销售、注册登记、备案、通行管理及相关法律责任进行全方位调整，意图将电动自行车生产、流通、使用等领域进行全流程规范化管理。

不同之处体现在以下几个方面：第一，立法形式上存在差异，地方性法规与地方规章并存且地方规章在数量上略占多数。由于电动自行车管理涉及行政许可、行政处罚、行政强制、行政处理等多方面的行政职责，在因地制宜进行制度创新时，地方性法规在权限上更为宽泛，比地方规章能更好地实现立法目的。

第二，调整对象存在差异。从法律文件的名称上即可看出，景德镇曾采用地方规章的方式对超标电动自行车临时通行进行管理，襄阳、鄂州的地方规章以及襄阳正在制定的地方性法规均以电动车为调整对象，不局限于电动自行车，涉及机动车与非机动车两种类型，调整范围更广，武汉的地方规章则以非机动车为调整对象，同样不限于电动自行车，甘肃、广西两地省级政府规章还涉及电动轮椅车这种"小众化"的特殊交通工具。可见，现有地方立法在规制对象上并不完全统一，具有因地制宜的特点。

第三，体例结构不尽相同。首先，除条、款、项以外，在是否采用章节体例这一问题上，各地做法不一。总体上看，地方性法规分章的情况较为普遍，地方规章较少分章节。其次，分章节的地方立法文件中，具体的体例结构也有所不同，比如登记管理与通行管理是单独分章，还是合并在同一章，电动自行车的通行与充电保障是否单独成章等，都存在一定的差异。

第四，主要制度上略有差异。首先，宏观方面，除极个别地方（湛江）外，现有地方立法普遍确立了电动自行车的生产、销售、登记、通行四大方面的管理制度及配套罚则，但在电动自行车的维修、停放、电池回收、消防安全等方面则呈现出"百花齐放"的特点。其次，微观方面，具体制度设计上也不尽相同。例如，就通行管理而言，骑行电动自行车是否需要佩戴头盔，后座搭载未成年人的最高年龄限定为多少周岁，其他方面诸如是否建立电动自行车销售目录制度，是否建立电动自行车交通违法行为人信用联合惩戒机制，是否专门规定电池回收制度，是否规制互联网租赁电动自行车以及对违法行为的罚则（尤其是罚款额度）等方面都存在一定的细微差异。此外，在电动自行车的停放与充电管理等方面也没有做到完全统一。

总体上看，现有电动自行车管理的地方立法同大于异，共性大于个性。在不与上位法相冲突的情况下适当体现本地特色，力求符合本地市情、顺应本地民意，是电动自行车管理立法的重要原则。

二、XX 市电动自行车地方立法的基础

（一）XX 市电动自行车地方立法的必要性

根据市公安局的统计结果，XX 市目前共有 80 余家销售电动车的店铺，

在售的各类电动车约 30 个品种，全市在运行的电动车估算数超过 48 万台，主城区超过 17 万台，每年以 30% 的速度增长，90% 以上电动车相关技术指标超过国家标准，电动车高速化、摩托化现象比较严重。

由于电动自行车管理的中央立法较为粗疏，省级地方立法不够健全，市级地方立法处于空白状态，实践中执法部门对电动自行车进行管理时深感依据不足。对占据绝对市场份额的不符合国家标准的电动自行车，法律法规中没有明确的禁止性规定，对其生产、销售、登记、通行管理都"无法可依"或只能借用相近条款进行处理，难以取得实际效果。电动自行车属非机动车，现行法律法规对其违法行为虽有处罚，但力度小且操作性不强，难以形成很强的震慑力和约束力。尤其是对其拼装改装、不安装号牌、使用假牌证，电子违法记录不处理等后续问题，无法做到有效监管。

当前，XX 市在电动自行车管理方面存在"两多一难"的问题。第一、违法行为多。电动自行车驾驶人绝大多数未经过道路交通安全法规方面的培训，规则意识、安全意识淡漠，违法行为多发。2. 交通事故多。据统计，2015 年至 2017 年间，XX 市主城区发生涉电动自行车的交通事故 10 326 起，占事故总量 21.75%，造成 46 人死亡，7830 余人受伤。3. 事故处理难。电动自行车驾驶人大多为社会中低收入人群，外来务工人员在其中占有一定比例，经济条件有限，加上没有购买保险，一旦发生后果严重的伤亡事故，无力承担高额的治疗费和伤残赔偿金，事故调处工作很难开展，由此产生的社会问题比较突出。2020 年 7 月 1 日之前，XX 市尚未开展电动自行车登记工作。发生交通事故后，如电动自行车驾驶人逃逸，则很难确定责任人的身份，给交通事故处理带来较大的困难。

从 XX 市电动自行车的保有量以及管理上存在的问题来看，急需通过地方立法的方式健全电动自行车管理制度，实行上牌登记，为重点整治乱停乱放、逆行、闯红灯等交通违法行为提供法律依据。立法虽非万能，但当前形势下，电动自行车的地方立法可以使执法部门"有法可依"，有利于消除道路交通安全隐患，规范中心城区道路通行及停车秩序，保障城市道路畅通，提高城市文明建设程度，提升城市品位，是走出电动自行车管理困境的必由之路。

(二) XX 市电动自行车地方立法的可行性

从前文列表内容来看，电动自行车的地方立法已有多年历史，最早可以追溯到 1998 年 8 月 13 日出台的《成都市电动自行车管理规定》（成办发［1998］60 号）。随后多地的电动自行车立法相继出台，至今已有超过 25 个地方立法主体制定过或正在制定关于电动自行车管理的地方立法文件，占全部地方立法主体的比例约为 7.7%，这些地方立法主体来自东部、中部和西部不同地区，涉及的省（自治区）情、市情各有不同，所制定的地方立法文件中有 6 部已被修改或废止，积累了较为丰富的电动自行车地方立法经验，形成了较为成熟的电动自行车管理制度。他山之石，可以攻玉。XX 市电动自行车管理的地方立法完全可以借鉴其他省市的成熟做法，提高立法效率，提升立法质量。

2015 年修改后的《立法法》赋予设区的市以地方立法权，XX 市因此成为新增的共计 323 个地方立法主体之一。2016 年 1 月，XX 市地方立法工作正式启动。四年多以来，XX 市人大及其常委会已先后制定《XX 市人民代表大会及其常务委员会立法条例》《XX 市城乡规划条例》《XX 市城市综合管理条例》《XX 市城市绿化条例》《XX 市住宅小区物业管理条例》等多部地方性法规，形成了完善的地方立法制度，积累了丰富的地方立法经验。XX 市公安局作为道路交通管理的职能部门，对电动自行车通行情况以及相关生产、销售、停放、充电等问题有深刻的认识。在此基础上，市公安局还积极开展立法调研，以摸清底数、提高地方立法的科学性，目前已借鉴兄弟省市地方立法经验起草地方性法规草案文本。2020 年 7 月 1 日，XX 市公安局启动电动自行车登记上牌工作，为电动自行车的立法管理夯实基础。

总之，无论是从立法经验、立法能力、前期准备还是可资借鉴的法规文本来说，XX 市电动自行车管理的地方立法工作已具备充分的可行性。

三、XX 市电动自行车地方立法的基本构想

（一）基本思路

1. 借鉴既有经验。充分借鉴现有立法，考察经济社会发展水平与 XX 相当的设区的市电动自行车地方立法成果，了解相关地方性法规和地方规章在执法、司法实践中的实效，吸收经验、吸取教训，形成 XX 市电动自行车地方立法的指导思想。

2. 立足现实需要。充分听取市场监管、工信、环境保护、住房和城乡建设、城市管理、交通运输等部门的意见，切实了解民众的基本想法，对政府

职能部门和电动骑行者双方的诉求给予充分关注，确保立法成果符合本地实际，使立法"接地气"，实现规范全市交通秩序、维护交通安全、平衡各方利益的立法目的。

（二）立法框架

采用章节条款项的体例，结构上分为以下六章：

第一章"总则"，规定 XX 市电动自行车管理条例的立法目的、立法原则、职责分工、公众参与、信用惩戒机制等内容。

第二章"生产和销售"，规定电动自行车生产中的禁止行为，销售目录管理制度及销售者的经营义务与相关责任，废旧电池处理等内容。

第三章"登记上牌"，规定电动自行车的登记上牌制度，包括初始登记、转移登记、注销登记的条件与程序以及不依法登记的法律后果，特别规定共享电动自行车登记要求以及登记上牌过程中交通法规的宣传机制。

第四章"通行与停放"，规定电动自行车的通行规则，发生交通事故后的应急处理规则，特定企业维护电动自行车通行秩序的特别要求，电动自行车停放规则以及与之配套的道路建设与车道划设、停放场地与充电设施、消防安全管理等内容。

第五章"法律责任"，规定违反前几章法律规范的具体后果，以电动自行车生产者、销售者、骑行者的违法后果为主，兼及公务员滥用职权或玩忽职守的法律责任。

第六章"附则"，规定授权市政府制定相关具体制度的条款以及法规的生效时间。

（三）注意事项

"不抵触""有特色""可操作"是地方立法的三大原则，XX 市电动自行车地方立法过程中应严格遵循。

1. 不抵触。现有立法中，《道路交通安全法》《道路交通安全法实施条例》《产品质量法》《湖北省实施〈中华人民共和国道路交通安全法〉办法》等法律法规已对电动自行车的生产、销售、通行等事项及相关法律关系已作出调整，XX 市的地方立法应当严格遵循这些上位法律文件的规定，不得设定与之相抵触的原则或规范。同时，从立法技术的角度考虑，XX 市地方立法还应当尽量避免重复上位法中的条款，突出对上位法原则和规范进行细化的内容，以地方适用和制度创新为中心，做到要言不烦，简明实用。

2. 有特色。地方特色越突出，地方立法针对性越强，越能解决实际问题，法规的实际效果就越好。XX 市电动自行车立法应当以本地电动自行车"两多一难"的实际情况为出发点，充分考虑本地民众对方便出行的现实需求，平衡各方利益，形成符合本地实际情况，在执法过程中能为民众广泛接受的良法，促进孝感经济社会的又好又快发展。

3. 可操作。市级地方性法规作为我国"一元两级多层次"立法体制下效力层级较低的立法类型，应当贴近社会生活，贴近执法实践，具有较强的可操作性。XX 市电动自行车立法从内容上看，应当尽量使用确定性的概念，创设确定性的法律规范，避免语义不明带来的执法困境，从行文上看，应当尽量做到简明晓畅，通俗易懂，便于社会公众和执法人员清楚地理解法规条文、遵守法规条款，从而实现立法目的。

除遵守以上三大原则以外，XX 市电动自行车地方立法还应当注意以下问题：第一，以人为本，充分保障电动自行车所有人和使用人的合法权益。目前，XX 市超标电动自行车大量存在，立法中不宜一刀切地否定其合法性，而应当通过设置过渡期等方式使民众的利益得到最大限度的维护。第二，适当前瞻，充分预判电动自行车管理制度的发展方向。XX 市电动自行车立法过程中应当对共享电动自行车、电动平衡车、残疾人轮椅车进行适度关注。目前，对这些车辆全部进行规制，立法条件尚不成熟，但共享电动自行车已以"小绿"和"小蓝"为代表在 XX 市区内大量投放，二者除所有权人身份特殊之外，车辆本身与普通电动自行车并无太大差别，应当一并纳入规制范围。第三，充分授权，保持适度的灵活性。XX 市电动自行车地方立法应当充分发挥 XX 市县两级政府及其职能部门（尤其是公安机关）的主观能动性，进行必要授权，将制定相关制度细则的权力交其行使，使执法部门能够灵活应对电动自行车管理中出现的新情况，及时解决新问题。

XXX（立法起草第三方机构）

2020 年 8 月 10 日

◇ 资料链接3——地方立法的起草说明示例

关于《XX市海绵城市建设和管理条例（草案）》的起草说明

为规范 XX 市海绵城市建设和管理，保护和改善城市生态环境，缓解城市内涝，促进人与自然的和谐发展，打造海绵城市建设示范城市，根据《中华人民共和国长江保护法》《中华人民共和国城乡规划法》《城镇排水与污水处理条例》《建设工程质量管理条例》等法律法规以及《国务院办公厅关于推进海绵城市建设的指导意见》《湖北省人民政府办公厅关于推进海绵城市建设的实施意见》的规定，结合我市实际，起草了《XX 市海绵城市建设和管理条例（草案）》（下称《条例》）。现将有关情况说明如下：

一、制定《条例》的必要性

（一）制定《条例》是贯彻落实习近平生态文明思想的重要举措

建设自然积存、自然渗透、自然净化的海绵城市，是习近平生态文明思想的重要内容。在这一理念的指导下，《中华人民共和国长江保护法》明确规定，长江流域县级以上地方人民政府应当加快建设雨水自然积存、自然渗透、自然净化的海绵城市。XX 市是长江流域重要节点城市，也是汉江生态经济带重要组成部分，打造更高水平的海绵城市是 XX 市认真践行习近平生态文明思想的生动实践，是助力实施构建"主城崛起、两带协同、孝汉同城、多元支撑"区域发展格局，建设高品质生活宜居地的现实需要。为规范和推进海绵城市建设，有必要以地方立法的形式构建较为完善的制度体系。

（二）制定《条例》是总结提升 XX 市海绵城市建设经验的迫切需要

我市已于 2021 年顺利通过系统化全域推进海绵城市建设示范竞争性评审，成功入选全国海绵城市建设首批示范城市，成为湖北省首个入选的城市。在海绵城市建设过程中，XX 市人民政府及其主管部门已制定并颁行一系列行政规范性文件，如《XX 市海绵城市规划建设管理办法》《XX 市中心城区海绵城市建设投资奖补资金管理办法》《XX 市中心城区海绵城市规划管理实施

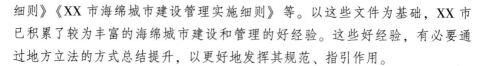

细则》《XX市海绵城市建设管理实施细则》等。以这些文件为基础，XX市已积累了较为丰富的海绵城市建设和管理的好经验。这些好经验，有必要通过地方立法的方式总结提升，以更好地发挥其规范、指引作用。

（三）制定《条例》是XX市系统化全域推进海绵城市建设的必要保障

在前期评审申报过程中，XX市建设了全省最大的城中人工湿地公园槐荫公园，以及濛川公园、邓家河湿地公园共10平方公里的"区域海绵"，增加蓄水滞水能力300多万立方米，投资150多亿元，对老濛河进行综合治理，对滚子河支河等8条黑臭水体进行整治，昔日"龙须沟"全部变身景观带，新改建了城西排水泵站、东闸泵站、鲢鱼地泵站等一批排水防涝设施，城区现有排水泵站11座，排水能力达到293立方米每秒，在海绵城市建设方面已取得初步成效。但依然存在管理体制不顺、部门职责不明、前期规划管控环节薄弱、运营维护责任不落实、老旧小区海绵城市建设滞后等突出问题。这些问题表明，海绵城市建设理念还没有很好地落实到城市规划建设管理的全过程。为解决好这些突出问题，有必要通过地方立法对海绵城市建设管理各个环节进行规范，有针对性地提出有效管用的法规措施，进一步从制度层面提升海绵城市建设管理水平。

二、《条例》起草过程

2021年初，市人大常委会将《XX市海绵城市建设和管理条例》纳入2022年立法工作计划，定于2022年12月进行一审。立法工作和其他示范城市相比，有弯道超车的趋势。2022年3月，成立市住房和城乡建设局牵头的立法起草工作专班，依托XX地方立法研究中心开展工作。5月17日、6月14日，市住建局先后组织工作专班人员进行实地调研，走访考察8处代表性海绵城市建设场所。5月28日，市人大常委会召集市住建局、起草专班开会研究立法工作思路。6月12日，住建局组织召开研讨会，确定《条例》结构并从专业技术角度进行初步论证。6月14日，市人大常委会在市住建局听取了相关部门和立法团队的工作汇报，6月16日，市人大常委会牵头组织市住建局等相关部门及起草专班赴池州调研考察。在此基础上，起草专班于7月22日提出初稿讨论稿并在住建局组织专题讨论后进行必要的修改完善。与此同时，起草专班深入研究学习上位法、同位法及相关政策性文件，经过反复研讨、推敲、打磨，最终形成《XX市海绵城市建设管理条例（草案）》。

三、《条例》的主要内容

《条例》共六章四十五条，分为总则、规划与建设、运营与维护、监督保障、法律责任、附则。

第一章总则。主要对立法目的、适用范围、基本原则、海绵城市概念及理念界定、政府职责和部门职责等作概要说明。

第二章规划与建设。对海绵城市规划编制和相关规划衔接提出要求，将海绵城市建设要求纳入建设项目全过程管理，对规划、设计、施工、验收等环节予以规范，并结合XX市实际情况，对城市更新过程中的海绵城市建设、加强竖向管控和信息化建设提出要求。

第三章运营与维护。明确各类海绵城市设施的运营维护主体，对海绵城市设施的运营经费、专业队伍建设、日常管理制度、警示标识以及排水管网普查、应急管理提出规范要求，对破坏海绵城市设施的行为予以禁止。

第四章监督保障。从联席会议制度、协调联动机制、绩效考核、支持措施、政府财政与社会资本投入以及激励和惩戒机制等方面对海绵城市建设的监督保障提出了具体要求。

第五章法律责任。对不履行海绵城市建设工程质量要求的建设单位、设计单位、监理单位、运营管理单位违法行为以及破坏海绵城市设施的行为分别规定相应的法律责任，给执法部门制裁相关违法行为提供抓手。

第六章附则。对中心城区范围的界定、参照适用条款以及条例生效时间作出了规定。

四、《条例》起草阶段尚需进一步明确的问题

如何使《条例》的本地特色更加鲜明，尚需进一步研究。目前，结合XX市在城市更新、内涝治理方面的工作拟定了部分兄弟城市地方立法未加规定的内容，具有一定的地方特色。

XXX（立法起草第三方机构名称）

2022年8月10日

第二章

地方立法的正式程序

地方立法的正式程序，是指由提出法规案到对法规文本作出审议结果的过程。它是立法主体通过法定程序产生法规范的阶段，在整个立法活动中处于中心环节。然而，我国《立法法》并未对地方立法程序作出规定，仅要求参照法律的立法程序进行，具体规定由地方人大制定。各地在参照《立法法》的基础上，以《立法条例》等地方性法规的形式，制定了各地的地方立法程序制度和一系列立法工作制度。《规章制定程序条例》对地方政府规章的立项、起草、审查、决定、公布、解释等程序作出了明确的规定，为设区的市地方政府制定政府规章做了详尽的程序性安排，提供了可靠的法律依据。因此，本章我们只针对设区的市制定地方性法规的正式程序展开，对地方政府规章的立法程序不做过多的探讨。

从实质上来看，地方立法前评估属于地方立法的辅助程序，但在地方立法实践中，立法前评估工作，一般被放在立法表决前进行，因此，本章也对地方立法前评估程序展开分析和研究。

第一节　地方性法规的提案、审议、表决与公布

关于地方性法规的立法程序，目前尚未有国家层面的立法，省级地方人大、设区的市地方人大基本上都制定了各地的立法条例，用于指导地方性法规的制定工作。下面我们以设区的市地方性法规的制定程序为研究对象，对其具体的立法程序作理论探讨。

一、法规案的提出

地方性法规立法案向有权的立法部门，即人大或者人大常委会书面提出，就标志着正式立法程序的启动。根据部分设区的市制定的立法条例，[1]提案人一般分两种情形：一是人民代表大会主席团、常务委员会、市人民政府、专门委员会、人民代表大会代表 10 人以上联名可以向人民代表大会提出法规案；二是人大常委会主任会议、人民政府、专门委员会、常务委员会组成人员 5 人以上联名，可以向常务委员会提出法规案。

地方性法规提案除了需要提交草案文本外，还需要提交与之密切相关的草案逐条说明、起草说明、立法研究报告和立法参阅件等文本资料。这些相关材料一般由起草者完成，如果是政府作为地方性法规提案人的，提案还需要经过政府常务会议审议同意。

二、法规案的审议

由于《立法法》并未就设区的市的人大常委会的审议制度作出明确规定，因此，设区的市在地方立法实践中，就地方性法规的立法审议制度，产生了较大的分歧。

（一）审议制度："三审制"还是其他

对法律案的审议，《立法法》第 32 条作出了明确的规定，法律案一般应当经三次常务委员会会议审议后再交付表决。同时，第 33 条也规定了不适用三审制的特别情形，各方面意见比较一致的法律案，可以经两次常务委员会会议审议后交付表决。调整事项较为单一或者部分修改的法律案，各方面的意见比较一致的，或者遇有紧急情形的，也可以经一次常务委员会会议审议即交付表决。这两种特殊表决制度也适用于地方立法程序。

那么对于地方性法规草案的审议，到底是采用三审制的一般程序，还是两审制、一审制的特别程序，需要地方人大常委会根据实际需要做出选择。

---

〔1〕 参见《宜昌市人民代表大会及其常务委员会立法条例》第 12 条、第 23 条、第 24 条规定；《襄阳市人民代表大会及其常务委员会立法条例》《孝感市人民代表大会及其常务委员会立法条例》《黄石市人民代表大会及其常务委员会立法条例》等立法条例针对地方性法规的提案人均采用类似的规定。

有学者认为，两审制是《立法法》第 87 条授权允许地方作出的变通，其与上位法不违背、不抵触，并且有利于节约立法资源，提高立法效率，更利于实际操作。[1]在《立法法》实施前，地方人大一般实行两次审议制，在《立法法》实施后相当一段时间内，各地仍保留以两次审议制为主的程序。[2]从各地的立法条例、立法程序规定来看，设区的市各自规定不一，有的地方未做明确规定，有的地方实行两审制（扬州市、绵阳市、黄冈市、咸宁市等），有的地方实行三审制（惠州市、桂林市等）。就湖北省内来看，《湖北省人民代表大会及其常务委员会立法条例》以及湖北省内 13 个设区的市、州的立法条例的规定，大多数采用两审制。[3]另据"法信网"统计显示，目前采用两审制审议制度的设区的市要多于实行三审制的设区的市。

但近年来，尤其是 2015 年《立法法》修正后，设区的市开始启动地方立法，随着对立法质量要求的不断提高，地方立法机关纷纷调整了审议程序，参照全国人大常委会的立法程序，开始实施三审制。例如，虽然湖北省内各设区的市立法条例规定的是两审制，但实践中却多采用三审制。我们认为，从长远来看，随着国家法治建设的不断深入，国家和民众对立法质量的要求也越来越高，加上设区的市欠缺立法经验，三审制可以对立法质量提供更好的保障，所以，设区的市也应当逐步全面实行三审制。逐步建立起以三审制为原则，以两审制、一审制为例外的审议制度。并且对两审制、一审制这两种特殊审议制度的具体适用条件等作出详细规制。这是对立法自身规律的一种客观认识，能够确保地方立法质量，无疑是一种进步。

（二）审议方式

《立法法》第 32 条规定了常委会会议三次审议制度，各次审议的对象和审议适用的会议形式，以及联组会议、全体会议的职能。可见，全国人大常委会审议法律案采取全体会议、分组会议和联组会议等三种会议方式。

审议方式是地方人大立法中的重要程序，它是保证科学立法、民主立法，提高立法质量的重要制度保障。各地在遵循《立法法》规定的基础上，从实

---

〔1〕 高旭东：《关于设定地方立法审议制度的思考》，载《遵义师范学院学报》2016 年第 1 期。

〔2〕 刘平：《立法原理、程序与技术》，学林出版社 2017 年版，第 243 页。

〔3〕 参见《湖北省人民代表大会及其常务委员会立法条例》（2023 年修正）第 36 条第 1 款规定："列入常务委员会会议议程的法规案，一般应当经两次常务委员会会议审议后再交付下次常务委员会会议表决。"

际出发，制定地方立法条例，对审议方式作出了积极的探索。立法是各方利益博弈与妥协的产物，作为集体智慧结晶的审议程序是立法中利益博弈的主要平台，也是平衡各种不同群体利益的重要环节。应当使审议环节成为不同利益群体博弈的正式场合，成为政府部门分歧协调解决的正式途径。

1. 常委会解读法规草案

《立法法》仅规定了在常委会全体会议第一次审议时，法规起草部门应当对草案进行说明。在审议中，鉴于常委会多数组成人员对所审议的法规草案缺乏了解，专门委员会和法律委员会提供的审议报告、立法资料信息有限，地方立法实践中，对法规草案说明提出了更高的要求——对草案进行详细的解读。解读法规草案适用于常委会对法规草案进行第一次审议前，由起草部门向常委会组成人员详细说明立法目的、立法背景、立法依据、立法的必要性，对重点特色条款进行解读、回答询问。增加这一环节，明显提高了法规审议的深度和广度，使常委会组成人员加深了对立法文本的总体了解，为分组会议的讨论奠定了较为扎实的基础。

2. 全体会议审议、分组审议

在设区的市地方立法条例中，全体会议审议和分组审议是法定程序和必经程序，每一次审议都要进行分组审议。会议举行前，一般要求提前将法规草案及其说明等相关材料发给常务委员会组成人员。常务委员会分组审议时，要求提案人应当派人听取意见，回答询问。还可以根据小组的特别要求，有关机关、组织应当派人介绍相关情况，供立法决策参考。

3. 专项审议、逐条审议

相对于上述全体会议审议和分组审议，这也可以说是一种特别程序。当立法审议过程中发现对一些重点条款出现不同意见，产生争议，甚至尖锐对立等情形时，需要进行必要的协调，以达成妥协，形成共识。重点条款争议的产生，可能是作为立法提案人的政府的议案与作为立法审议人的人大常委会委员之间存在不同意见而产生，也可能是人大常委会的立法工作部门之间，如专门委员会、法工委和法制委之间的分歧。不同主体之间针对重点条款协调情形，可以通过专项审议、逐条审议开展，没有统一标准的协调程序。而随着民主立法、科学立法的不断完善，各方利益的博弈日益常态化，这类特别协调机制会越来越多。

《立法法》第32条仅规定，法律案一般应经三次常委会会议审议，并没有明确审议的具体方式。同时，《立法法》第87条还规定，地方性法规的审议程序，参照法律的审议程序，由本级人民代表大会规定。根据立法法的这两条规定，审议程序可以由本级人大决定，由此推论，其中的审议方式也是可以由本级人大决定的，具体而言，专项审议、逐条审议均不存在法律上的障碍。

从理论上讲，实行逐条审议更能体现立法的民主性、科学性，更有利于立法质量的提高。[1]但是，实行逐条审议比较耗费审议时间，在目前地方人大常委会会期普遍偏短的情况下，实施起来比较困难。相对可行的办法是，在目前普遍采用的统一审议的基础上，对逐条审议做一些灵活变通处理，比如对地方性法规中涉及的一些重点条款、有争议的问题、执法主体的确定、行政处罚的设置等，可以组织实行专项审议。

4. 引入辩论制度

审议法规案是立法机关运用立法审议权力，对法规草案进行审查、讨论、辩论等的专门活动。[2]但是一些地方立法机关，参照《立法法》的规定，立法审议中将"辩论"变成了"讨论"，审议方式简单、单一。实践中，常委会的组成人员很多时候只是听取意见，没有公开发表观点，缺少观点的自由交锋、批判与争论的过程，辩论和争论不充分。[3]对于人大立法审议制度，原上海市人大法制委员会主任委员谢天放提出，审议方式中，可引入辩论环节。辩论制度是一般法治国家立法机关的常设制度之一。可以说，没有辩论，就没有立法的发展。

《立法法》第32条规定，常委会审议法律案时，根据需要，可以召开联组会议或者全体会议，对法律案中的主要问题进行讨论。大多数设区的市在立法条例中对审议制度的全体会议、分组会议作了明确规定，对联组会议作了弹性规定，却没有提及辩论制度。[4]制度上的缺失，导致在地方立法实践中，地方人大常委会审议地方性法规草案一般采取分组审议的形式，全体会

---

〔1〕 陈洪波、汪在祥：《论地方立法审议制度的完善》，载《湖北社会科学》2007年第6期。

〔2〕 丁国峰、代桂明：《论地方立法审议程序制度的构建和完善——以设区的市的立法审议为视角》，载《学术探讨》2017年第4期。

〔3〕 谢天放等：《我国地方立法的流变与展望》，载上海市行政法制研究所编：《地方立法的理论与实务（2005~2006年研究报告集）》，法律出版社2007年版，第64~65页。

〔4〕 陈洪波、汪在祥：《论地方立法审议制度的完善》，载《湖北社会科学》2007年第6期。

议开得不多，或没有完全引入辩论制度。

（三）审议程序

目前，大多数地方人大常委会的立法程序都参照全国人大常委会的立法程序，实行"三审制"。即地方性法规一般应当经三次常务委员会会议审议后再交付表决。具体程序是：常委会会议第一次审议法规草案，在全体会议上听取提案人的说明和解读，并听取专门委员会的审议报告，由分组会议进行初步审议。第二次审议法规草案，在全体会议上听取法制委员会关于法规草案修改情况的汇报，围绕法案的重点、难点和分歧意见，由分组会议进一步审议。第三次审议法规草案，在全体会议上听取法制委员会关于法规草案审议结果的报告，由分组会议对法规草案修改稿进行审议后，即付表决。

三、法规案的撤回、搁置与终止

《立法法》第43条规定了立法案的撤回情形：在交付表决前，提案人要求撤回的，应当说明理由，对该法律案的审议即行终止。这种情况在实践中较少出现。从法理上来说，撤回权是提案人应有的权力。而实践中，提案人成了义务人，需严格按照人大常委会的要求按时提交法规草案。从工作层面上来说，这种刚性的机制安排有其合理性，但从法理上来说，将提案人的权力变成一种义务，值得反思和研究。

《立法法》第45条规定了法案搁置审议的情形：法律案因各方面对制定该法律的必要性、可行性等重大问题存在较大意见分歧搁置审议满两年的，或者因暂时不复表决经过两年没有再次列入常务委员会会议议程审议的，该法律案终止审议。在实践中，这种情况也很少出现。在省级立法条例和设区的市立法条例中，依据立法法关于法律案的撤回、搁置，分别对地方性法规的撤回、搁置作出了一致的规定。

人大的搁置权与提案人的撤回权是相对应的，是人大及其常委会的权力。但在实践中，法规制定或者修订一旦列入年度计划，便变成了刚性的任务，如果不按时出台，就有没做好立法工作之嫌。这种观念其实是值得反思的，从某种角度说，是对立法的内在规律缺乏理性正确的认知。为了实现科学立法，提案人的撤回权和审议人的搁置权，都应当得到尊重。

四、法规案的表决与通过

法规案的表决是立法决策中最为核心的程序，往往表征着立法合意的达成与否，标志着立法目的能否最终实现。关于法规案的表决方式，基本可分为公开表决和秘密表决两种。公开表决方式主要有：①举手表决，这是较为常见的表决方式；②记名投票表决，即表决者根据自己对法案的态度，把印有自己姓名的表决票投入赞成、反对或弃权的票箱，获多数一方的态度为表决结果。秘密表决的主要方式是实行无记名投票或者使用电子仪器投票。

《立法法》第44条规定，法律草案表决稿，由委员长会议提请常务委员会全体会议表决，由常务委员会全体组成人员过半数通过。具体方式是秘密表决方式进行，采用无记名投票或者使用电子仪器投票。

另外，《立法法》第44条第2款规定了重要条款单独表决制度，即法律草案表决稿交付常务委员会会议表决前，对个别意见分歧较大的重要条款可提请常务委员会会议单独表决。设区的市在地方立法条例中也依据《立法法》作出了相应的规定。但在实践中运用得并不多，实际上这种单独表决制度的需求还是有的，尤其是在立法审议中对草案中某一个或几个关键条款产生较严重分歧而其他条款均达成一致意见的情况下可以选择适用。

五、法规的公布与生效

根据《立法法》第88条的规定，地方性法规的发布有不同的主体。其中，设区的市的人大及其常委会制定的地方性法规报经批准后，由设区的市的人大常委会发布公告予以公布。

同时，根据《立法法》第89条的规定，地方性法规公布后，应当及时在本级人大常委会公报和中国人大网、本地方人大网站以及在本行政区域范围内发行的报纸上刊载。其中，在常务委员会公报上刊登的地方性法规为标准文本。

法规文本的公布并不意味着生效，其生效日期为文本中确定的施行日期。施行日期应当考虑执行部门必要的准备时间，从公布到施行及生效之间的期间为法规实施的准备期。每一部法规的实施条件和要求是不同的，所以其准备期有长有短，但应当有一定的准备时间，一般不能少于一个月。因此，除特别情形外，法规文本不能以公布之日为施行日期。对于修正案而不是废旧立新的修改，可以适当缩短施行的准备期，但应当尽量减少自颁布之日起施行这类无准备期的规定。

第二节 地方立法前评估制度的构建与完善

地方立法前评估是保证地方立法质量的重要环节，但我国当前却少有法律法规对地方立法前评估制度作出统一规定。在地方立法实践中，部分省市"先行先试"，并形成了相应的制度。从设区的市地方立法实践来看，立法前评估制度缺乏统一的法律规定，评估内容不够明确、程序不够规范，尚未发挥其应有的功能。构建地方立法前评估体系，应当明确评估主体，优化评估内容，完善评估的程序要件，从而全面提高地方立法质量。

一、立法前评估的法源依据和概念

（一）立法前评估的法源依据

2015年《立法法》修正之前，我国没有关于立法前评估制度的专门规定。2000年《立法法》第48条的规定："提出法律案，应当同时提出法律草案文本及其说明，并提供必要的资料。法律草案的说明应当包括制定该法律的必要性和主要内容。"立法实践中，在法律法规案提出时对立法的必要性和主要内容的说明，可以视为广义上的立法前评估。

党的第十八届四中全会通过的决定，明确提出完善立法体制，引入立法前评估制度，并指出"对部门间争议较大的重要立法事项，由决策机关引入第三方评估"。党的政策性文件首次提出"立法前评估"这一概念，为相关法律制度的正式确立提供了指引。2015年修改后的《立法法》第39条新增加规定，法律案在表决通过前，常务委员会工作机构可以对法律草案中主要制度规范的可行性、法律出台时机、法律实施的社会效果和可能出现的问题等进行评估。作为宪法相关法，《立法法》首次提出"法律案通过前评估"的程序性规定，立法前评估制度正式在法律层面得以确立。2023年《立法法》第二次修正，在第42条中对"法律案通过前评估"予以保留并肯定。

尽管国家法律层面的立法前评估制度确立得较晚，但相关实践却早已在地方立法中出现并逐步走向成熟。地方立法评估在我国已出现十几年，目前已有多个省市制定了地方立法评估规定、评估办法等规范性文件，以引导和规制地方立法评估工作的开展。[1]例如，2012 年陕西省人大颁布的《陕西省地方立法评估工作规定》，2013 年广东省人大颁布的《广东省人民代表大会常务委员会立法评估工作规定（试行）》，2014 年淄博市人大常委会颁布的《淄博市人大常委会立法评估办法》等。

（二）地方立法前评估的概念界定

地方立法前评估是我国立法制度中的新事物、新举措，在立法学界存在一定的争议，有必要对其概念进行阐释和界定。

1. 地方立法前评估制度的外延

地方立法前评估制度从属于立法评估制度，对立法评估制度的认识有助于加深对立法前评估制度的理解。有学者认为，立法评估包括立法前评估和立法后评估两种类型。[2]有学者认为，立法评估包括立法前评估、立法中（表决前）评估和立法后评估三种类型。[3]也有学者将立法项目论证视为立法前评估。[4]

对立法前评估外延的理解，可以从广义和狭义两个角度来进行。广义的立法前评估包括立法项目论证和草案表决前评估，狭义的立法前评估指的是在草案表决前进行立法评估。立法项目论证是指特定的立法主体按照一定的程序和标准，对若干个立法建议项目进行审查评议，并最终确定是否纳入立法规划的活动。重在论证立法项目是否列入立法规划，从而进入立法程序，在法律起草前广泛地听取人大代表、专家学者等意见的过程。而立法前评估是对审议后表决前所形成的法律草案，以其必要性、合法性、协调性和可操作性等为内容的论证活动。重点预测评价法律草案的合法性、实施效果和社会影响、立法技术规范等，目的在于减少法律法规的试错成本，提高立法质量。

地方立法前评估属于立法前评估的组成部分，对其外延的理解可以按照

〔1〕 陈伟斌：《地方立法评估的立法模式与制度构建》，载《法学杂志》2016 年第 6 期。

〔2〕 俞荣根：《地方立法后评估指标体系研究》，载《中国政法大学学报》2014 年第 1 期。

〔3〕 汪全胜：《立法后评估概念阐释》，载《重庆工学院学报（社会科学版）》2008 年第 6 期。

〔4〕 周伟：《立法项目论证制度研究》，载《甘肃政法学院学报》2017 年第 2 期。

上述广义和狭义的两种标准来进行。

2. 地方立法前评估的内涵

从内涵上看，地方立法评估主要是通过一系列技术性较强的评估标准，经过公开、公平、公正的评估程序，对拟将制定出台的或者已经颁行了一段时间的地方性法律文件，进行全面的分析、判断和评价的专业性活动。[1]综合立法学界的观点并参照地方立法实践的做法，我们认为，地方立法前评估是指特定的地方立法评估主体，按照一定的程序和方法，针对某一地方立法草案的必要性、合法性、协调性、可操作性和社会影响等方面所进行的预测、评估，并将评估结论作为立法机关决策参考和依据的制度。

二、地方立法前评估的意义

地方立法前评估制度的建立对我国地方立法工作具有重要意义，是民主立法、科学立法、依法立法的新举措，可以为地方立法提供科学依据，减少试错成本，有利于从源头上提高地方立法质量，有利于形成"良法"。

（一）从源头上提高立法质量

2015 年《立法法》修正，市级地方立法主体从"较大的市"扩展到所有的"设区的市"（个别特殊情况除外）。这一修正导致市级地方立法主体激增，全国范围内，从之前的 49 个市级立法主体增加到 322 个，[2]地方立法实践也随之丰富起来。据统计，截至 2023 年 12 月，湖北省 12 个设区的市和恩施土家族苗族自治州的人大及其常委会共制定地方性法规 132 件。从立法质量上看，这些地方性法规呈现出两极分化的局面。武汉市、恩施土家族苗族自治州已拥有多年的立法权运作史，积累了丰富的立法经验，立法能力不容小觑，相关地方性法规立法质量较高。而其他 11 个设区的市新获地方立法权，立法经验不足，立法机关的人员编制有限，立法能力相对较弱。即便如此，部分设区的市一年还制定两部以上的地方性法规，在仓促立法的情况下，立法质量难免存在一定的问题。

通过地方立法前评估，在法规草案表决通过前，对法规草案的必要性、

---

〔1〕 汤唯等：《地方立法的民主化与科学化构想》，北京大学出版社 2002 年版，第 203 页。

〔2〕 郑磊：《设区的市开始立法的确定与筹备——以〈立法法〉第 72 条第 4 款为中心的分析》，载《学习与探索》2016 年第 7 期。

合法性、可操作性、立法技术规范等进行综合评析，立法机关主动查找问题，积极纠错，有助于协调各方利益，保障人民群众的根本权益，最大限度地减少低质量法规的随意出台带来的负面影响。[1]因此，建立地方立法前评估制度，可以有效预防地方立法的偏颇和缺失，促进地方立法的科学性和民主性，从源头上提高立法质量。

（二）促进"良法"的形成

从立法程序上看，地方立法前评估相当于对法规多增加一次审议程序，多增加一道防线，可以更好地对法规文本的错漏进行检查纠正。例如：法规是否与上位法相冲突，法规调整的范围是否超越了地方立法权限，同一地方的法规是否存在前法与后法的不一致，法规中法律责任的设置是否合法合理，法规文本的语言表述是否科学规范等。实践表明，经过立法前评估和充分论证出台的地方性法规，其实施情况通常更加良好。[2]通过立法前评估论证，可以有效促进良法善治，满足人民群众的法治需求，促进公平、公正和保障人权的法律制度的形成。

三、地方立法前评估的现状及存在的问题

（一）地方立法前评估未受到足够重视

2015 年之前，旧的《立法法》没有关于立法评估、立法前评估制度的明确规定，实践中各层级法律法规的制定过程中很少进行立法前评估。2015 年修正的《立法法》第 39 条新增加"法律案通过前评估"制度，这一规定通过之后，立法前评估制度才在法律上确立了相应的地位。这种法律地位从法律文本进入法律实践还需要经历一个较为长期的过程。从设区的市地方立法实践来看，现阶段立法前评估制度没有受到足够的重视。由于缺乏全国性的地方立法前评估制度，省级层面如果没有出台详细具体的地方立法评估办法，设区的市地方立法机关往往就不太重视立法前评估制度，认为地方立法前评估可有可无。

---

〔1〕 周怡萍：《立法前评估制度研究——以地方立法为视角》，载《人大研究》2014 年第 8 期。
〔2〕 周伟：《论地方立法项目公开征集制度的完善》，载《江汉大学学报（社会科学版）》2016年第 1 期。

（二）缺乏统一规范的立法前评估内容、程序和方式

当前全国性的法律文件如《立法法》《地方组织法》等对地方立法前评估制度未作统一明确的规定。部分省市制定了本地区的相关规定，如《陕西省地方立法评估工作规定》《淄博市人大常委会立法评估办法》等，但这些地方性法规的法律位阶不高，适用范围有限。立法学界对于地方立法评估制度中的评估主体、评估内容、评估程序和方式、评估结论的运用等问题也尚未形成统一的观点。[1]在此背景下，地方立法实践中，缺乏统一的制度予以指导和规范，立法前评估工作难以开展，在操作上往往流于形式，最终会使评估的效果大打折扣。

（三）地方立法前评估的功能有限

地方立法前评估实施后所形成的评估结论，是否被立法机关采信关系着整项评估工作是否最终落到实处。多数学者倾向认为地方立法评估结论的运用是地方立法的一种参考、借鉴资料，评估报告（结论）对立法具有重要的参考作用。目前，地方立法实践中，地方立法机关对评估结论的处理和反馈均未有明确规定，是否采纳评估报告，多大程度上采纳，各地的具体做法也不一致。如何正确使用评估报告，哪些意见建议被立法采纳，哪些不予采纳。由于地方立法前评估的法律效力不明确，对于评估报告，立法机关往往没有相应的反馈与回应。地方立法前评估产生的评估结论未能引起地方立法机关的充分重视，使得地方立法前评估功能受到限制。

四、地方立法前评估体系的构建与完善

完善地方立法前评估体系，需要从以下几个方面着手：确立独立公正的评估主体，明确评估的内容，完善评估方式和程序，确认评估结论的法律效力。

（一）确立独立公正的评估主体

地方立法评估的主体是地方立法评估体系必不可少的组成要素。所谓地方立法前评估主体，是指具体完成对地方法规文本进行立法前评估的组织或个人。地方立法评估主体的素质、技能、工作经历、知识水平等对地方立法

---

〔1〕　姜述弢：《地方立法后评估制度的法治化及对策》，载《学术交流》2016年第4期。

评估结论的准确性、可靠性、客观性程度等会产生一定影响。

我国《立法法》没有明确规定地方立法前评估主体，从实践来看，地方立法后评估主体主要有三种：地方立法机关、行政机关和独立的第三方组织。[1]这样的立法后评估主体模式对地方立法前评估制度具有一定的借鉴意义。

以湖北省设区的市为例，宜昌市人大常委会委托宜昌市地方立法研究院进行立法评估，依托三峡大学法学学科优势和师资力量成立了宜昌市地方立法研究院，充分发挥其"智囊团"作用，进行立法起草、立法评估论证等工作，全程参与地方立法工作，服务地方社会。2017 年 6 月，湖北工程学院成立孝感市地方立法研究中心，多次受孝感市人大常委会委托，先后对《孝感市城市绿化条例》《孝感市住宅小区物业管理条例》《孝感市饮用水水源保护条例》《孝感市府澴河保护条例》等多部地方性法规进行了立法评估工作，组织召开专家论证会，出具专家评估论证意见，形成立法评估报告，为孝感市人大常委会修改完善、审议通过法规案提供专业全面立法决策支持。受到了省市人大常委会的肯定，取得了良好的社会效果。

我们认为，以上三种模式，由独立的第三方组织作为地方立法前评估的主体更科学合理。理由是，在当前地方立法草案的起草制度下，地方立法机关或者地方行政机关作为评估主体，其实质都是"自己评价自己""自己做自己的法官"，有违正当法律程序原则。因此，地方立法机关和行政机关不宜成为地方立法评估主体。而独立的第三方组织作为评估主体更有助于实现地方立法的科学化、民主化。作为立法主导机关的地方人大常委会将地方性法规的评估工作委托给第三方组织来开展，独立的第三方组织主要由各个领域的专家学者组成，以专业技术和理论为基础作出立法前评估，形成科学全面的评估报告。这种委托第三方评估的方式往往更具有专业性，可以有效避免立法部门利益化，杜绝立法寻租，评估结论相对也更科学、客观、公正。

（二）明确评估的内容

地方立法前评估主体在对某具体地方性立法进行评估时，应当对法规的必要性、合法性、可行性、可操作性、协调性、地方特色及立法技术规范等

---

〔1〕 罗嵘：《地方立法前评估程序设置》，载《黑龙江省政法管理干部学院学报》2018 年第1 期。

方面进行全面系统的考核评估。只有全面、客观地评估，才能得出客观正确的评估结论。

1. 必要性

立法必要性是立法前评估的首要内容，是判断评估对象能否进入立法程序的决定性因素。法律规范该不该立、能不能立，一定意义上比立法本身更为重要。立法必要性要求考量评估对象有无立法必要、是否必须，主要考虑有无现行法，有无其他调整手段，立法的迫切程度，立法是否具有实用性等方面。[1] 首先，就地方立法而言，只有在没有上位法或上位法过于原则，不符合地方实际需要时，才有必要考虑制定地方性法规或政府规章。其次，地方立法是否具有实用性。良好的立法能够更好地适应社会发展的需要，能够促进经济发展，有利于生态环境保护，有利于人权的保障，为社会所必需，2019年4月湖北省安陆市府河解放山水库发生"水华"事件，致使居民用水浊度和色度升高，并伴有异味，持续长达月余。制定地方性法规，通过地方立法对当地水源地进行全面保护非常具有必要性、迫切性和实用性。正是在这一背景下，《孝感市饮用水水源保护条例》在立法前评估中，其立法必要性获得了评估专家的一致认可。

2. 合法性

合法性评估是地方立法前评估最重要的内容，要求法规草案在立法精神上不得与上位法相抵触，在立法权限上不得超越上位法的规定，侵犯上位法的领域，在立法内容上不得与上位法具体条文相冲突，保证地方性法规符合《立法法》规定的"不抵触"原则。例如，在地方立法实践中，《XX市饮用水水源保护条例（草案）》规定："前款规定外的乡镇及以下饮用水水源保护区的划定，由县（市、区）人民政府提出方案，报市人民政府批准。"而作为上位法的《水污染防治法》第63条第2款规定："饮用水水源保护区的划定，由有关市、县人民政府提出划定方案，报省、自治区、直辖市人民政府批准……"对比发现，《水污染防治法》并未授权市级人民政府就饮用水水源保护区的划定行使批准权，因此二者之间存在一定的冲突。草案的此款条文即违反了合法性原则。在该法规草案的立法前评估中，这一问题即被评估专家发现，并在立法评估报告中指出，后期该法规草案得到了纠正。

---

〔1〕 李冰强、杨越、张莹：《立法前评估指标体系的构建》，载《晋阳学刊》2017年第2期。

3. 可行性、可操作性

可行性、可操作性评估也就是评估地方立法草案的实效性，主要考察法规内容的设定是否可以发挥实际效用，具有可操作性。即是判断立法是否为公众所认可，为大多数社会成员所接受和自觉遵守，以及能够为执法机关所推行。具体包括几个方面：一是地方性法规，规章的各项规定是否明确，具体，各项违法行为是否设置了相对应的法律责任，具有可操作性。二是相关配套措施是否得到落实，地方性法规的实施常常需要一些应用性的配套规定，这些配套措施是否高效便民，程序是否简便易行，对法规的各项制度能否在实践中发挥预期的作用至关重要。三是考察和评价地方立法效益与成本，法规创设的各项制度和措施发挥了多大效用，以及需要兼顾为这些制度设计所付出的人力、物力等因素。地方立法是为解决地方的实际问题而存在的，是否具有可行性，尤其是可操作性是衡量其存在价值的重要标准。

4. 协调性

主要评估法规草案与现有地方性法规的协调统一，法规草案与现行政策的协调统一以及同一部法规前后条文间的协调一致性。例如，某市先出台了《XX市城市综合管理条例》，后制定《XX市城市绿化条例》。在《XX城市综合管理条例》中，相关条款也涉及园林绿化管理的内容，那么在后制定的城市绿化条例中一定要注意与前法规不冲突、不重复，使两部地方性法规相协调、一致。否则在今后实施过程中，若出现"法律打架"现象，将使执法者和执法对象无所适从。再例如，同一部法规前后条文间的协调性问题。某市同一部法规草案在"法律责任"设置方面，规定"违反规定在饮用水水源保护区审批、核准或者备案建设项目的……"然而前面条文并没有提到核准或者备案的事项，这就出现了法规文本的前后法条不协调、不一致。以上失误也是在地方性法规的立法前评估中，被立法专家发现，并写入立法评估报告，最后在正式立法中得到纠正。

5. 可能产生的社会效果及影响

主要是预测评估法规实施后，对社会经济发展是否具有促进作用，对当地生态环境的影响如何，以及能否得到社会大众的遵守和执行等。对地方性法规、规章可能产生的社会效果及影响进行立法前评估，适宜采用成本效益分析法。立法前评估如果只有定性分析，难免有主观臆断性，得出的评估结论学术性较强，而忽略了现实性。采用成本效益分析法，收集数据、量化分析，通过对法规的立法成本、执法成本、守法成本以及法规施行的经济效益和社会效益的核算来检验法规是否有效益，从而判断分析出法规实施后可能产生的社会效果和影响。

6. 立法技术规范评估

立法技术规范评估主要是对法规草案的名称、框架结构、内在逻辑和语言文字表述等问题进行全面系统的考核评估。没有结构清晰、逻辑严密、用语准确简洁且具有可操作性的立法技术，所有的立法宗旨、价值理念，无论多么美好，都无法落到实处。[1]

地方立法实践中，从微观立法技术考察，法律文件在语言表述方面存在不规范之处，比较常见的有滥用简化词、以生活俗语代替法律用语等。例如，《XX市城市绿化条例（草案）》中使用了"伐一补三"的表述，"经批准砍伐树木的，申请人应当对树木权属人进行补偿，并按照伐一补三的标准补植树木"。在召开立法专家论证会后，经立法专家指正，法规修改为"经批准砍伐树木的，申请人应当补植砍伐株数三倍的树木"。

(三) 评估方式和程序

关于地方立法评估方式，《陕西省地方立法评估工作规定》第 7 条规定，立法评估采用实地调研、座谈会、论证会、统计调查、实证分析、文献研究等多种方法进行。这样的地方立法评估方式值得借鉴。立法实践中，地方立法前评估多采用的专家论证会形式，邀请有关专家（既包括法学专家，也包括与法规相关领域的专业技术专家，还包括实务领域的业务专家等）对法规草案内容的必要性、可行性和科学性进行研究论证，专家们多从专业知识角度对法规提出自己的观点，具有较强的说服力和客观性，是一种很好的立法前评估方式。

地方立法前评估程序主要包括地方立法评估的具体运作程序和作为地方立法评估结果的评估报告的使用。具体包括地方立法前评估步骤，顺序，地方立法前评估的方式，方法，时限等程序性问题。比如，地方立法前评估由谁启动，启动的时间，评估人员，评估时限，评估的准备工作（人财物的准备）、评估实施步骤、评估报告的使用等，均需要细致周全地规定。

---

〔1〕 阮荣祥、赵浥主编：《地方立法的理论与实践》，社会科学文献出版社 2011 年版，第 270 页。

（四）评估结论的使用

地方立法前评估结束后，立法机关作为评估的主导机关应当根据评估报告和有价值的建议对法规草案进行调整，然后再进行审议表决。关于地方立法前评估的效力，地方立法实践中，地方立法机关一般只是将评估结论作为一种立法参考，并不具有强制的法律约束力。但是花费了巨大的立法资源进行评估，目的是完善立法，提高立法质量，地方立法机关应当认真对待立法评估结论，建立地方立法前评估回应制度，尤其是具有重要价值的修改建议应当回应反馈。比如，评估结论中指出来的法规有违合法性、协调性、可操作性以及立法技术规范方面的修改建议，地方立法机关均应当反馈和回应，吸纳入立法，完善立法，全面提高地方立法质量。

结　语

我国已进入全面推进依法治国的新时期，良法善治已成为全社会的共同追求。在地方立法权扩容的背景下，开展立法前评估，完善地方立法程序，有助于推动地方立法质量的不断提高。地方立法前评估作为地方立法的一种新事物、新举措，可以有效地从源头上提高地方立法的科学性和民主性，应当受到立法理论界和实务界的广泛重视，助力于地方立法质量的提高，推进立法体制的不断完善。

◇ 资料链接1——地方立法前评估示例

《XX市饮用水水源保护条例》（草案三审稿）
立法评估专家意见书

XX市人民代表大会常务委员会：

受贵单位委托，我中心于2019年4月—7月对《XX市饮用水水源保护条例》（草案三审稿）（以下简称《水源保护条例》）进行了专题评估论证。课题组成员及各位专家认真搜集、研读了相关法律法规，对府河上游地区饮用水水源地保护状况进行了实地考察，研究了其他地区尤其是湖北省内黄石、黄冈、随州等市有关饮用水水源保护的立法经验，紧密结合我市实际，针对

重点、疑难问题展开了广泛、深入的研讨、论证。课题组先后于 2019 年 7 月
13 日、7 月 23 日组织召开专家碰头会和专家评估论证会，形成了较为全面、
成熟的评估意见。现出具意见书如下：

一、总体评价

(一)《水源保护条例》的颁布实施意义重大

我市饮用水水源保护形势较为严峻，今年安陆市解放山水库"水华事件"
的发生表明部分地区的水源保护已经到了刻不容缓的地步。《水源保护条例》
的颁行可谓正当其时，必将对推动我市饮用水水源保护，保障人民群众饮水
安全起到直接的促进作用。同时，从全国范围内饮用水水源保护的地方立法
总体状况来看，湖北省的立法进程还略显滞后，缺乏相应的省级地方性法规，
市州级地方立法仍处于探索阶段。《水源保护条例》的颁行所形成的具体制度
与所积累的立法经验，对推动全省饮用水水源保护的法治化、规范化也必将
起到较好的促进作用。

(二)《水源保护条例》具有较高的立法水准

《水源保护条例》分为总则、水源建设及保护区划定、水源保护措施、监
督管理、法律责任及附则六部分，结构合理、体系完整，用语规范，相关制
度在与上位法保持一致的前提下又有所创新，所创设的原则与规范切合我市
实际，总体上看具有较高的立法水准。并且，从草案三审稿与前两稿的变化
来看，《水源保护条例》能够结合 XX 市城乡饮用水水源保护的实际有针对性
地进行立法，并吸纳各方面意见进行修正，体现出科学立法、民主立法的
一面。

二、不足之处与修改建议

(一) 个别条款与上位法的关系有待进一步斟酌

《水源保护条例》第 12 条将饮用水水源保护区分为市中心城区、县（市、
区）城区、乡镇及以下三个层级，分别设定了不同的批准程序和批准主体。
其中，"乡镇及以下"饮用水水源保护区划定的批准权被授予 XX 市人民政
府。而《水污染防治法》第 56 条并未根据行政区域对饮用水水源保护区进行
分级，且只设定了省级人民政府、国务院两个批准主体，未将饮用水水源保

护区的划定权下放到市级以下人民政府。因此，二者在饮用水水源保护区层级的划分以及市级人民政府是否享有饮用水水源保护区的划定权两个问题上存在一定的分歧。这种分歧究竟是一种因地制宜的创新，还是下位法与上位法的冲突，可以进一步研究。我们认为，根据"法无授权即禁止"的公权力运行准则，这种分歧应当理解为下位法与上位法之间的冲突。这种冲突会在一定程度上影响《水源保护条例》的合法性，建议适当进行调整。

（二）行为模式（禁止性规范）与法律后果（罚则）不相协调

《水源保护条例》第13条、第16条、第17条、第18条、第19条、第20条、第21条共规定了约35项禁止行为（含6项兜底条款），但法律责任部分仅对其中一部分违反禁止性规定的行为设定了处罚措施，大量的禁止性规定缺乏对应的法律责任条款。尽管有些禁止性规定已有上位法律、法规设定了法律责任条款，但仍有部分内容需进一步明确相关法律责任，如第16条第1款第5项、第8项，第17条第1款第3项、第6项，第18条第1款第3项，第19条、第20条、第21条。

为便于执法部门顺利执行《水源保护条例》，有必要对罚则进行明确。目前省内兄弟市如黄冈、黄石、随州的做法是对每一种禁止性规定都规定相对应的罚则。这种做法固然便于执法机关操作，但在立法的科学性、规范性上有所欠缺。为确保立法进程，我们建议不对《水源保护条例》文本做大的改动，仅对部分上位法中没有规定的以及虽有规定但容易产生法律适用疑惑的条款明确相应的罚则。

（三）部分制度有待完善

1. 建议将饮用水水源保护纳入城乡规划。《水源保护条例》第4条规定地方人民政府应当将饮用水水源保护纳入多项规划，但未提及城乡规划，建议予以增加。

2. 建议建立举报人奖励制度。《水源保护条例》第8条第1款规定了单位和个人举报相关违法行为的权利，建议建立举报奖励制度，以激发公众对相关违法行为的举报热情。

3. 建议完善跨县保护区划定协商机制。《水源保护条例》第12条第3款规定了跨县（市、区）饮用水水源保护区划定过程中的协商机制，但没有规定协商不成的处理方式，存在一定的漏洞。《水污染防治法》第63条第2款虽有原则性规定，但我市范围内的具体操作模式需要根据该原则性规定加以明确。

4. 建议建立水源地保护的财产补偿机制。饮用水水源保护需要平衡受益区与保护区之间的利益，至少需要确立两方面的补偿机制：一是生态补偿机制，二是财产补偿机制。《水源保护条例》第6条对生态补偿机制作出了原则性规定，但欠缺具体的操作规范，建议在第1款之后增加"制定饮用水水源地保护补偿办法，合理确定生态补偿方式、对象、范围、标准等"。《水源保护条例》第16条第2款、第17条第2款、第18条第2款分别规定了水源准保护区、二级保护区、一级保护区内相关建设项目的责令拆除与关闭措施，但相关财产补偿机制的规定处于空白状态，不利于相对人信赖利益的保护，没有很好地平衡公共利益与相对人合法权益之间的关系。实践中，在饮用水水源地环境保护方面，地方政府投入了大量资金解决饮用水水源保护的财产补偿问题，如我市A县和B县近年先后投入1.25亿元，下决心、花大力气实施了饮用水水源地码头、商业建设项目拆除，公路、旅游设施炸毁，船厂、农户、经营业主搬迁，农村环境综合整治等工作。将实践中已经存在的成熟做法以法条的形式加以固定，可以更好地推动水源地的保护。此外，以上两个方面的补偿资金应当作为饮用水水源保护经费的一部分，纳入本级财政预算。《水源保护条例》全文对经费问题未作任何规定，不利于市、县（市、区）人民政府真正将相关职责落到实处。

5. 建议建立"人员安置或异地安置"制度。因为随着城镇化的发展，城镇供水需求量越来越大，对水量的需求当然就会越来越多，因此可能会涉及对现在属于水源保护区之外，但以后会纳入水源保护区的居民的搬迁安置等问题。建议在原则部分确立人员安置或异地安置制度。

6. 建议协调地表水、地下水水源保护力度。《水源保护条例》用三个条款规定了地下水水源保护区内的禁止性行为，但相关行为基本上没有对应的罚则，其保护力度存在欠缺，与地表水源保护的相关规定不相均衡。比如第20条、第21条都涉及一些建设项目或设施的责令拆除或关闭问题，但较之地表水水源保护区的相关条款，这两条明显欠缺"已建成的……项目，由市、县（市、区）人民政府责令拆除或关闭"的规定，体系上不够完整。

7. 建议调整部分罚则规定。《水源保护条例》第32条第2项规定："施用高毒、高残留农药或者滥用化肥的，……使用者为个人的，处2000元以上

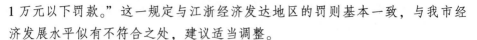

1万元以下罚款。"这一规定与江浙经济发达地区的罚则基本一致，与我市经济发展水平似有不符合之处，建议适当调整。

（四）语言表述可以进一步优化

1. 第三章标题"水源保护措施"不能完全涵盖条款内容，可以考虑"水源保护"或"水源保护要求"等措辞，并参照《饮用水水源保护区污染防治管理规定》进一步完善相关要求和措施。

2. 行政机关名称的规范化。随着党和国家机构改革方案的落实，相关政府部门名称发生了变化，《水源保护条例》第5条中有关政府部门名称的表述应当根据实际情况进行修正或采用模糊的表达方式。

3. 前后表述的一致化。

（1）《水源保护条例》第12条与第35条表述不一致，前者表述为"饮用水水源保护区的划定"，后者表述为"未依法划定或者调整饮用水水源保护区的"。建议将前后表述统一起来，均为"划定或者调整"。

（2）《水源保护条例》第35条规定了"违反规定在饮用水水源保护区审批、核准或者备案建设项目的"罚则，但前文中没有核准或者备案相关规范，建议予以明确。

4. 表述的科学化。

（1）《水源保护条例》第8条"破坏"宜参照《湖北省城镇供水条例》改为"损坏"。破坏主观上是故意，损坏既包括故意也包括过失。

（2）《水源保护条例》第15条第1款中的"生活饮用水卫生标准"系专门的国家标准，应当加书名号。

（3）《水源保护条例》第16条第1款第2项、第20条第2项"工业固体废物"中的"工业"二字应当去掉。固体废物可能来源于多个领域，不宜过于强调工业领域。

（4）《水源保护条例》第19条第4项建议在"矿产资源"之后增加"天然气"，以完善对地下水水源准保护区的保护。

三、有待进一步研究的问题

河（湖）长制与饮用水水源保护制度的整合问题有待进一步研究。中共中央办公厅、国务院办公厅先后于2016年12月、2018年1月联合印发《关于全面推行河长制的意见》《关于在湖泊实施湖长制的指导意见》，将水资源保护、水污染防治、水生态修复、水环境治理作为河（湖）长制的重要内容。如何在 XX 市地方立法中协调河（湖）长制与饮用水水源保护制度的关系，避免制度资源的重叠或冲突，有待进一步研究。

总之，《水源保护条例》在科学性、规范性、可行性、地方特色性等方面已达到较高的立法水准，已基本成熟。如贵委员会能对相关原则、制度与规范进行适当修正，必将为上报省人大常委会有关工作机构征求意见和最终表决提供更加完善的法规文本。

以上评估意见，谨供参考！

XX（第三方机构名称）立法评估课题组

二〇一九年七月二十六日

◇ 资料链接2——地方立法前评估示例

《XX 市 XX 河流域保护条例（草案）》
研究论证报告

XX 市人民代表大会常务委员会：

受贵单位委托，我中心于 2019 年 11 月—2020 年 1 月对《XX 市 XX 河流域保护条例（草案）》（以下简称《条例》）进行了专题研究论证。课题组成员及各位专家研读了贵单位提供的《XX 河保护条例》文本、起草说明、立法论证报告、市人大农村委员会的审议意见及立法参阅件，结合相关法律法规分别提出了论证及修改意见。经讨论，本课题组现提出综合论证意见如下：

一、总体评价

（一）《条例》的出台意义重大

XX 河在我市境内流经六个县（市、区），流域涉及 A 市、B 县、C 区全部行政区域，D 县和 E 县大部分行政区域以及 F 市局部行政区域。可以说，XX 河流域的范围涉及我市大部分县级行政区域，我市将 XX 河称为"母亲河"一点也不为过。这条"母亲河"具有不可替代的资源功能、生态功能和经济功能，在我市经济建设、文化建设、社会建设、生态建设等方面都起到了重要的作用。但随着经济社会的快速发展，XX河水资源被过度开发利用，目前XX河流域水域岸线不完整、水资源短缺、水污染严重、水生态退化等问题接连出现，"绿水青山"遭到了严重破坏。这些问题受到中央环保督察组的高度关注，在近年来的两次环保督察中都明确要求湖北省、XX市及时整改。目前，XX市正进入工业化、城镇化的快速发展时期，水污染呈高发态势，XX河流域保护势在必行且形势非常严峻。要切实改善XX河流域的生态环境，通过立法的方式建立长效保护机制是治本之策，极具必要性。在此背景下，《条例》的出台对于修复流域内的生态环境，提高流域内水域和陆域的承载能力，促进流域内经济社会可持续协调发展，显得极为迫切，并具有十分重要的意义。

（二）《条例》具有较高的立法水准

《条例》在XX市委、市政府的正确领导下，在XX市水利和湖泊局、市司法局的共同努力下，经过前期认真的起草、论证和审议，已初步成形。

第一，从形式上看，草案文本分为总则、河道与岸线保护、水资源配置与节约用水、水污染防治、水生态保护与修复、法律责任和附则七部分，对XX河流域保护的突出问题进行了全面的规定，体例结构较为合理、法规体系较为完整，用语较为规范。

第二，从内容上看，《条例》确立了生态环境与水资源保护、水污染防治的基本制度，可以在较大程度上实现立法目的，且不存在与上位法相抵触的条款。

第三，从立法技术上看，《条例》避免照抄照搬上位法已有条款，文本较为简约，结合XX河流域保护的现实需要创设符合XX实际的制度、原则、规范，具有一定的地方特色，同时，每一个条款都归纳了条标，前期工作较为细致，立法技术较为成熟。

综合以上三点，本课题组认为《条例》总体上具有较高的立法水准。

二、《条例》存在的问题

《XX河保护条例》在具有较高立法水准的前提下，还存在可以进一步完善之处。突出的问题主要表现在以下几个方面：

（一）重要制度设计不足，法规实效将受影响

1. 部门职责不够协调。《条例》第6条第2款规定，生态环境部门"会同水利和湖泊行政主管部门监督管理饮用水水源地生态环境保护工作"。而《XX市饮用水水源保护条例》第5条明确规定："市、县（市、区）生态环境主管部门对饮用水水源的水环境保护和水污染防治实施统一监督管理。""水利主管部门负责饮用水水源的水量监测、水资源调配和水土保持工作。"可见，饮用水水源的生态环境保护由生态环境部门统一监督管理，水利主管部门并不参与其事。因此，《条例》第6条第2款与《XX市饮用水水源保护条例》第5条之间在部门职责划分上存在不尽协调之处，可进一步完善。

2. 联动协调机制缺失。《条例》第6条以"联动协调机制"为条标，但正文中规定的是市、县两级多个行政主管部门之间的信息共享义务，与联动协调的主题并不对应。XX河从随州入境，出境后流入武汉。在长江大保护的背景下，XX河流域保护不应当画地为牢，而应当与上下游地区积极协作，加强信息互通和工作协调，共同应对和处理跨地域的突发生态环境事件。《条例》第3条规定了协调联动的基本原则，但具体机制存在缺失，可进一步完善。

3. 属地管理责任弱化。《条例》第4条、第5条规定了市、县人民政府及主管部门有关XX河流域保护工作的职责，但这些条款对县级人民政府的属地管理责任规定得不明确、不具体。XX河流经我市域六个县（市、区），县级人民政府守土有责，流域保护应当强化属地管理责任，加强源头治理，避免以邻为壑的现象发生。从《条例》文本来看，强化县级人民政府属地责任的条款存在一定的缺失，可进一步完善。

4. 人大监督机制缺失。XX河流域保护是市、县两级政府及其主管部门的重要职责，《条例》用多个条款对此予以强调。基于人民代表大会制的根本政治制度，这些职责的履行应当受到市、县两级人大及其常委会的有力监督。《条例》文本关于人大监督机制的规定处于空白状态，可进一步完善。

5. 定期考核机制缺失。《条例》赋予市级人民政府所属水利和湖泊、生态环境保护等行政主管部门以及县级人民政府及其主管部门诸多职责。这些职责能不能得到有效履行，履职状况如何，直接关系XX河流域保护的实际成效，关系本条例立法目的的实现程度。因此，有必要建立一套科学、规范、

合理的定期考核机制，利用上级行政机关的权威敦促下级行政机关积极履职，做到有奖有罚、公平合理。《条例》没有将市人民政府已着手实施的生态补偿等考核机制提炼、上升为地方性法规的条文，可进一步完善。

（二）重点内容不尽合理，可操作性存在欠缺

1. 宏观上，倡导性条款过多，可操作性有待提升。市级地方性法规在现行立法体制下处于较低的效力位阶，相应地，在立法技术上应当做到规范明确、条款细致、操作性强。而《条例》总体上倡导性条款过多，部分命令性规范、禁止性规范不够具体、细致、明确，可操作性有待提升。以第三章为例，第15条规定了"总量强度双控制"的水资源配置原则，其中要求市县两级人民政府"科学制定本区域内的年度用水计划"，但这个计划每年什么时候编制完成，不能完成的法律后果如何，条例都没有规定，第17条规定了市县两级行政主管部门的监测与信息共享义务，但由哪个部门负责建立数据互通机制、如何建立、何时建立以及不按要求建立时如何承担法律责任等都处于空白状态，等等。此外，第39条、第44条都只规定了具体的法律责任，没有规定明确的执法主体。如不加完善，这些条款可能导致执法部门陷入困境或互相推诿，影响法律实施效果。

2. 微观上，部分制度设计不尽合理，给实施带来困难。举例说明如下：

（1）执法体制。《条例》确立的是分散的执法体制，市县两级主管部门各司其职，各负其责。这种维持现状的作法是否能够实现条例的立法目的，能否带来流域内生态环境的有效改善，存在很大疑问。执法体制创新不足一方面会影响将来的执法效果，另一方面也会消减专门立法的必要性。

（2）生态补偿机制。生态补偿机制被党中央、国务院确定为加强生态环境保护的重要内容。XX河流域保护过程中，这项机制也具有非常重要的意义。2019年，XX市人民政府已开始实施XX河流域生态补偿机制并取得初步成效。《条例》可在总结实践经验的基础上对此做出明确、细致的规定，但草案内容（第4条第2款）过于原则和抽象。例如：没有明确建立生态补偿机制的责任主体，没有强调生态补偿办法的制定义务，没有规定制定生态补偿办法具体时限及相关法律责任，等等。这些缺失导致该条款较为空洞，欠缺可操作性。

（3）信息共享机制。《条例》第6条在总则部分规定了联动协调机制下的信息共享，赋予信息共享以法律原则的地位，但在分则各章中，仅第三章第17条规定了"水资源配置与节约用水"方面的信息共享，其他各章缺乏相应规定，总则与分则、原则与规范之间存在不相对应的问题。

（4）产业准入负面清单制度。《条例》第21条规定了产业准入负面清单制度，这是落实《水污染防治法》第47条的表现，也是XX河水污染防治的重要制度，但清单由谁制定、如何制定等一些基本问题付诸阙如。

（5）工业集聚区制度。《条例》第22条、第23条都规定了工业集聚区的建设与准入制度，但建设标准、建设期限及相关法律责任都存在欠缺。

（三）体例结构尚可优化，语言表述略有瑕疵

1. 章节标题有待进一步调整。第三章、第四章标题均着眼于"水"，但所统辖的条款并不限于此，二者不相对应，有必要进行调整。

2. 部分结构需要进一步优化。第二章"河道与岸线保护"将"河道、岸线利用管理规划"的编制置于第9条"河道、岸线划界"之下，同时，该规划与"岸线规划的调整"分别规定在第9条第1款和第13条，逻辑上和体例上都显得较为混乱。前述工业集聚区制度的两个条款将工业集聚区的准入项目分别规定在两个不同的条款，结构上也可进一步斟酌。

3. 正文措辞可进一步完善。《条例》在行文上存在少量语病、错字以及条标概括不当的情形，也可进一步完善。

三、《XX河保护条例》的修改建议

（一）紧扣立法目的，有针对性地进行制度设计

从《条例》第1条来看，"改善XX河流域生态环境，节约和保护水资源，防治水污染，保障水安全，推进生态文明建设"是拟宣示的立法目的。鉴于XX河流域生态环境治理现状极不乐观，存在被中央环保督察组再次"回头看"的风险，前述存在缺失的联动协调机制、属地管理责任、人大监督机制、定期考核机制有必要在下一稿中得到明确的规定，以增强条例的实效性，彰显市委、市政府解决XX河流域生态环境问题的决心与诚意。例如：有关属地管理责任，可以总结实践经验并参考兄弟省市立法，建立断面监测机制，在XX河干流及主要支流的县级行政区域交界处设置自动监测设备，动态了解各区域内XX河保护的实时状态，并设定相应的监测指标，对于XX河生态环境改善的区域给予奖励，对于恶化的区域给予制裁，强化各县级人民政府守土尽责的意识，提高流域保护实效。

除前述着眼于全局的重要制度以外，还可以立足XX河流域实际设定关乎某一方面的制度。例如，城市黑臭水体治理是XX河流域各县（市、区）具有共性的问题，但《条例》尚无针对性的条款，可考虑在第四章中增加一条专门规定这一内容。

（二）强化立法定位，提高法律制度的可操作性

如前所述，《条例》作为市级地方性法规，处于较低的效力层级，因此立法者应当在不与上位法相冲突的前提下，努力提高其可操作性，以便在将来的执法过程中得到优先适用。

首先，对《条例》文本进行全面细化，保留必要的宣示性条款，大幅减少倡导性条款，使主要条款做到权责分明、措施得当、切实可行。

其次，对《条例》确立的主要制度进行完善，使之更趋合理。前述几项存在疏漏的制度中，执法体制的创新是一个牵涉面极广的问题，可以在两个方案中择优确定：第一，新成立一个市人民政府领导下的统一的管理机构，通过条例授权其行使综合管理权；第二，不设新的机构，通过条例授权某一个政府部门（如水利和湖泊行政主管部门）在市、县两级行政区域内行使综合管理权，避免出现"九龙治水"的局面。关于生态补偿机制，可以分两步走：第一，对于市域范围内的补偿，条例可参考XX市人民政府的实际做法，明确赋予市人民政府制定XX河流域横向生态补偿办法的职责；第二，跨市域的横向生态补偿机制，因牵涉面广，操作难度较大，无法一蹴而就，但也有必要在设定一个较长准备期限的前提下，赋予市人民政府相应职责。关于信息共享机制，可跳出第17条的狭窄范围，将XX河水质监测、排污口设置、重点排污单位、水污染防治、水工程建设、水资源利用等全部纳入信息共享的范围，构建全方位互联互通的数据共享机制，服务于流域保护。关于工业集聚区制度，可专条规定建设标准、建设周期、责任主体并配套规定相应的法律责任，同时，采用列举加概括的方式规定必须进入工业集聚区的项目类型，并采用"奖励+制裁"的双重手段促使项目按规定的期限落户工业集聚区。

（三）提升立法技术，优化草案文本的语言表述

首先，可对章节标题、条标及条款结构进行优化。例如，①基于XX河流

域保护不仅着眼于水域，还着眼于陆域的属性，将《条例》第三章标题由"水生态保护与修复"修改为"生态保护与修复"，第四章标题由"水污染防治"修改为"污染防治"；②第 29 条以"排污总量控制与排污口管理"为条标，将两项相关联又彼此独立的制度强行合并，体例上不尽合理，可考虑将该条款拆分为两个条文；③第 9 条以"河道、岸线划界"为条标，而第 1 款规定的是河道、岸线利用管理规划的编制，可考虑将第 1 款单列并与第 13 条合并；④第 11 条以"河道禁止行为"为条标，而第 1 款规定的是河道保护范围及警示标志设置，可考虑将第 1 款单列 1 条，使结构更加合理；⑤第 33 条以"生态流量"为条标，与其他条款的条标不相协调，可考虑修改为"生态用水流量控制"；⑥第 40 条条标"重点排污单位法律责任"与该章其他条款的条标在确定责任的标准上存在差异，可修改为"怠于自动监测法律责任"；⑦第 27 条、第 42 条中都提到"城镇排水主管部门"，这一提法语义不明确，可考虑根据实际情况修改为"水利和湖泊主管部门"或"城市管理部门"；⑧第 41 条"违法使用农药法律责任"中规定了"在 XX 河干、支流沿岸使用剧毒、高毒农药"的罚则，但相对应的第 42 条第 2 款中没有相应的禁止性行为，应增加规定这一内容；等等。

其次，对措辞上的瑕疵进行修正。例如：①《条例》中多次使用"水利和湖泊行政主管部门"，过于烦冗，可精简为"水利主管部门"，与《XX 市饮用水水源保护条例》保持一致，②第 10 条"河道整治"第 2 款中的"撤除"，应修改为"拆除"，③第 11 条第 2 款第 6 项中的"经营摊铺和其他未经主管部门批准的其他娱乐活动"，可修改为"摆摊设点或其他未经主管部门批准的经营活动"，④第 24 条第 2 款"农药包装物"前应当增加"丢弃"二字，⑤第 41 条"违法使用农药法律责任"第一行"违法本条例"，应修改为"违反本条例"，⑥第 35 条第 2 款第 1 项、第 2 项句末标点符号"。"，应修改为"；"等。

结　论

从以上分析来看，我们认为，《条例》基本框架较为合理，基本制度较为全面，立法技术较为成熟，总体上具有较高的立法水准，作为一部市级地方性法规已基本成形。但是，条例个别条款与兄弟法规不尽协调，全文倡导性条款过多、规范不够明确、细致，部分制度设计不尽完备，在合理性、可行性方面都有进一步提升的空间。建议贵单位对《条例》作进一步的完善。

以上意见，谨供参考！

《XX 市 XX 河流域保护条例》立法评估课题组

二〇二〇年一月二十六日

附课题组专家名单：（略）

◇ 资料链接 3——地方立法前评估示例

《XX 市文明行为促进条例（建议表决稿）》
立法评估论证报告

XX 市人民代表大会常务委员会：

受贵单位委托，我中心邀请立法专家对《XX 市文明行为促进条例（建议表决稿）》（下称《文明条例》）进行了专题评估论证。现将相关情况报告如下：

一、评估论证会基本情况

会议时间：2023 年 9 月 20 日上午

会议地点：XXX 会议室

与会专家：立法专家库成员 10 人，名单（略）

论证形式：现场论证

二、总体评价

与会专家一致认为，《文明条例》符合党的二十大"坚持依法治国和以德治国相结合，把社会主义核心价值观融入法治建设、融入社会发展、融入日常生活"的相关要求，积极贯彻党中央决策部署，把我市居民普遍认可的基本道德规范转化为具有一定刚性约束力的法规制度，对于提升我市公民文明素质和社会文明程度，提高我市文明城市创建工作的制度化、规范化水平，都具有极为重要的推动意义。《文明条例》以上位政策和法律文件的原则和规范为指引，吸收省内外其他省、市的立法经验，结合孝感实际起草而来，内容与上位法不相抵触，制度设计较为全面且体现了我市的地方特色，结构合理、逻辑严谨，可操作性强，法规文本比较成熟，体现了较高的立法水准。

同时，专家们也指出，《文明条例》部分条款在制度设计、语言表述等方面仍有进一步完善的空间。

三、具体意见

（一）制度设计方面

与会专家认为，《文明条例》在主要制度方面存在下列问题：一是有关孝文化建设的条款数量较少，地方特色有亮点但还不够鲜明；二是没有很好地将孝亲与敬老相结合，在老年人以及孤寡人群合法权益的保护方面还不够深入；三是部分制度（如不文明行为投诉举报制度、文明饲宠管理制度等）需要授权市政府及其主管部门建立统一的工作平台或者制定相关实施细则，但条例文本中缺少相关授权性规范；四是缺少关于文明实践活动周等规定，文明城市创建抓手有一定的欠缺。

（二）逻辑结构和语言表述方面

与会专家指出，《文明条例》第二章规定了文明行为的基本规范和相关倡导条款，是法规的核心内容，但这一部分在逻辑结构和语言表述方面存在一定的瑕疵。一是第9条至第17条在列举公民应当遵守的各类文明行为规范时，标准不统一，导致部分条款存在一定的交叉关系，逻辑结构不够严谨。二是在行文上，有的条款采取"公民应当如何如何"的句式，有的条款又忽略行为主体，直接规定"在某某方面，遵守下列规范"，同一个条款内部，明确列举的行为规范与兜底条款之间也存在动词性短语与名词性短语的差别，语言风格不够统一。三是部分条款仅列举反面的禁止性规范，缺乏提纲挈领的义务性规范，正面引领还可进一步强化。

（三）具体规范方面

与会专家指出，《文明条例》的部分规范还可进一步完善。有代表性的意见如下：

1. 第9条第2项中的"依次排队"之后应当增加"不并行挡道"，第3项中的"有序上下"不够明晰，应当表述为"先下后上""不争抢座位"等，第4项关于观影观赛的行为规范中，应当增加"服从特定场所拍照摄像的规定"等内容。第6项应当强调"遵守有关区域和时段的噪声管理规定"（噪声管理存在区域和时段的不同）。

2. 第10条第3项禁止的是"张贴"行为，但上位法中禁止的是"随意张贴、张挂"的行为，二者存在一定的冲突。

3. 第11条第5项中应当增加"不随意变道""不强行超车"等常见交通违法或出行不文明行为。

4. 第12条第1项建议结合实际生活中的反面事例，增加"房屋装修不破坏承重结构"的规定，第2项关于高空抛物的禁止性用语是"不"，而《民法典》相应条款用的是"禁止"，建议改为一致，第4项关于文明饲宠的规定针对的都是犬只，建议扩展到其他宠物。

5. 目前农村水体污染严重，第13条在乡风文明建设的相关规范中缺少禁止向农村水体倾倒垃圾或者其他污染物的规定，对于改善农村居住环境来说针对性不强。

6. 第15条第2项爱护景区的花草树木之后还应当加上"保护动物"，"污损"的对象中包含"风景名胜"，有搭配不当之嫌。

7. 第16条第3项仅规定对患者"知情权、同意权和隐私权"予以"尊重"不够妥当，应当上升到尊重患者人格权的高度，同时对知情、同意和隐私等权利予以"保障"。

8. 第17条第3项，原文表述为"尊重他人隐私、不侵害他人名誉、知识产权和其他合法权益"。建议调整为"不侵害他人人格权、知识产权和其他合法权益"。

9. 第23条对行政执法部门公正文明执法的要求不够严格，其中第2款仅规定"公开服务承诺"还不够，应当"公开并履行服务承诺"。

10. 第27条第1款关于媒体对不文明行为监督的规定，应当结合媒体的"曝光"手段加以表述，增强可操作性。

11. 第36条中"自愿参加社会服务"的"自愿"是依职权还是依申请——究竟是被处罚人的主动申请参加社会服务，还是需要相关主管部门告知——尚不明确。并且，如果被处罚人主动申请参加社会服务，向哪个部门的哪个机构提出，都有必要予以明确。此外，处罚折抵只限于"罚款"过于片面，建议扩展到全部"行政处罚"。

综合来看，与会专家的修改意见主要集中在三个方面：一是文明行为基本规范条款，二是涉及孝文化建设的部分条款，三是法律责任中的社会服务折抵处罚条款。对于其他内容，与会专家基本不持异议。

结　论

参与本次评估论证会的 10 名专家均系我市立法专家库成员，分别来自高等学校、行政执法机关、律师事务所等单位，跨越理论研究和法律实务等不同领域。各位专家站在各自工作和生活的角度，结合自己的专业背景充分发表了对《文明条例》的看法，提出了较为中肯的修改建议。综合来看，我们认为，《文明条例》基本框架较为合理，基本制度较为全面，立法技术较为成熟，总体上具有较高的立法水准，作为一部市级地方性法规已基本成形，具有交付表决的可行性。建议贵单位适当吸收专家们的合理意见，进一步提升《文明条例》的立法水平。

以上意见，谨供参考。

XX 地方立法研究中心
二〇二三年九月二十日

后附：专家意见汇总（略）

第三章

地方立法的完善程序

立法完成后就进入了立法的完善和立法的实施阶段。就立法的完善而言，以设区的市地方立法为研究视角，需要我们重点关注和探讨的是，地方性法规的备案与审查制度、地方立法清理制度。

第一节　地方立法的批准与备案审查

地方立法质量的提高，不仅需要强化地方立法机关的立法能力，而且应当加强立法监督，推进和完善事前批准审查与事后备案审查两类审查机制。近年来，作为立法监督的重要手段之一，立法备案审查工作愈来愈受重视。党的十八届三中全会、四中全会及十九大报告均明确要求加强和健全备案审查工作。2015 年《立法法》的修改，明确了主动审查等规定，加强了备案审查力度。2019 年《法规、司法解释备案审查工作办法》的颁布，对备案审查工作作出了更全面细致的规范指引。可见，我国立法工作的重心逐渐转向立法监督活动，[1]从一般意义上说，立法监督分为依职权监督（主动监督）与依申请监督（被动监督）。依职权监督是指有权监督的机关主动进行监督，如批准、改变和撤销、备案审查等，依申请监督是指有权监督的机关因有关组织、机构或公民提出申请而开展的监督。

地方性法规的备案审查成为了新时期地方立法工作的重要内容，然而，现实中存在一系列问题，影响了备案审查工作的实效。比如，省级人大常委会审查能力不足、省市立法机关审查界限不明、备案审查标准模糊等影响到

---

〔1〕　苗连营：《立法法重心的位移：从权限划分到立法监督》，载《学术交流》2015 年第 4 期。

备案审查制度立法监督功能的发挥。下面我们主要以设区的市地方性法规的批准和备案审查为例进行理论梳理和深入思考。

一、我国地方立法的批准与备案审查制度概述

（一）设区的市立法批准制度的历史发展

1982 年《宪法》颁布时，仅仅规定了省、自治区人大及其常委会才有权制定地方性法规，出于一些较大的市的实际需要，同年修正的《地方各级人民代表大会和地方各级人民政府组织法》在第 27 条第 2 款赋予了部分市级人大常务委员会拟订地方性法规草案的权力。至 1986 年《地方各级人民代表大会和地方各级人民政府组织法》再次修正时，才在第 7 条第 2 款和第 38 条第 2 款明确规定了部分市级人大及其常委会在不与宪法、法律、行政法规和本省、自治区的地方性法规相抵触的前提下，可以制定地方性法规，但须报省级人大常务委员会批准后施行。至此，地方性法规的批准制度得以确立。2000 年制定《立法法》时，除了赋予"较大的市"立法权外，该批准制度几乎原封不动予以规定。到 2015 年《立法法》第一次修正，在把地方性法规制定主体从原来"较大的市"扩展到所有设区的市，并明确限定立法范围的同时，也几乎同样保留了立法批准制度。《立法法》第 72 条第 2 款赋予省级人大常委会"对报请批准的地方性法规"进行合法性审查，并对通过审查的设区的市地方性法规，在四个月内予以批准。

2018 年我国《宪法修正案》在《宪法》第 100 条增加了一款规定，主要是对 2015 年修正的《立法法》第 72 条第 2 款中所规定的内容予以宪法上的确认，即赋予设区的市制定地方性法规的权力，确认省级人大常委会"对报请批准的地方性法规"的审查批准权。对照《立法法》的规定，2018 年《宪法》修正实际上就是对《立法法》相关规定的宪法化。该款的规定消除了自 2015 年以来，设区的市立法权上的合宪性争议，有利于设区的市制定反映本行政区域实际的地方性法规，更有效地进行社会治理。2023 年《立法法》第二次修正，在第 81 条第 1 款保留了旧法第 72 条第 2 款的规定，即省级人大常委会"对报请批准的地方性法规"进行合法性审查，并对通过审查的设区的市地方性法规，在四个月内予以批准。

（二）设区的市立法批准权的性质与功能

立法法和宪法相继确立了地方立法的批准制度，而学术界对其性质、功

能的争议不断。立法批准制度的性质属于立法制定权，还是立法监督权？其功能和作用是什么？有无继续保留的必要，是否可以以备案审查制度所取代？等一系列问题均有待澄清。

关于地方立法批准制度的性质，早期有部分学者认为，地方性法规须经上级人大常委会批准后才能生效实施，那么也就表明，法律赋予的设区的市地方立法权并不是完整的立法权，而是"准立法权"，[1]或"半个立法权"。享有制定权的制定机关和享有批准权的批准机关都只享有半个立法权，二者只有有机地结合起来，才能构成一个完整的地方立法权。[2]

大部分学者认为地方立法批准制度不是立法权的一部分，而是属于事前的立法监督权。虽然地方立法须经上级人民代表大会常务委员会批准后才能实施，但批准本身并不是实质意义上的立法权的组成部分。立法批准权最重要的功能，是为保障全国法制的统一、地方法制体系的统一协调。是省级人大对较大的市人大及其常委会立法工作实施的一种监督，其实质是上级人大对下级人大的监督工作。[3]理由是，设区的市人民代表大会或其常务委员会享有的地方性法规制定权，如果经常被省级人民代表大会常务委员会否定或修改，其地方立法权就会被架空，这是明显违背全国人民代表大会常务委员会当初授予设区的市以直接制定地方性法规权力的宗旨。

从 2015 年《立法法》修正时的讨论来看，较大的市或设区的市地方性法规的制定权并没有因为省级人大常委会的批准而免受合宪性质疑。基于此，有学者另辟蹊径，企图从宪法实施的视角来为"设区的市"地方性法规制定权提供合宪性论证。在他们看来，《立法法》赋予设区的市立法权属于实施宪法，[4]是法律以立法的方式发展宪法，是对宪法的续造。[5]那么也就意味

---

〔1〕 江流、罗志先、夏平华：《论准立法权——兼与深圳立法权比较》，载《法律科学（西北政法大学学报）》1994 年第 3 期。

〔2〕 敖俊德：《地方立法批准权是地方立法权的组成部分——兼评王林〈地方立法批准权不是立法权的组成部分〉》，载《人大工作通讯》1995 年第 8 期。

〔3〕 丁祖年：《试论省级人大常委会对较大的市地方性法规的批准权》，载《法学评论》1990 年第 6 期；王子琳：《地方立法权之我见》，载《当代法学》1987 年第 3 期。

〔4〕 方彪：《宪法实施视阈下的"设区的市"立法权》，载《中共杭州市委党校学报》2017 年第 2 期。

〔5〕 郑磊、贾圣真：《从"较大的市"到"设区的市"：地方立法主体的扩容与宪法发展》，载《华东政法大学学报》2016 年第 4 期。

着，地方性法规制定权本身合宪与否并不取决于上级人大常委会批准权的行为。

出于合宪性考虑，2018 年《宪法》修正时在第 100 条增加了一款，对设区的市地方性法规制定权进行规定，并且与以前的《地方组织法》和《立法法》一样，保留了省级人大常委会的批准权。从地方性法规制定权与立法批准权的关系来看，尽管上级人大常委会的批准是地方性法规生效的条件，但结合上述关于批准制度性质的讨论可知，如果说在 2018 年《宪法》修正之前，把《地方组织法》和《立法法》中规定的批准制度看成是立法制定的主要原因，是企图为设区的市地方性法规制定权提供合宪性保障，那么在《宪法》明确规定了设区的市地方性法规制定权的情形下，立法批准权只可能被视为一种立法监督权，而不必要作为立法制定权的组成部分来对待。立法批准制度起到事先监督设区的市依法立法、不得与宪法相抵触，确保下位法与上位法相一致，维护法制统一的功能。[1]

（二）备案审查的概念界定

一般认为，"备案"是指相关立法已被登记、存档，即备份在案，以备审查，全面了解地方和部门的立法情况以及加强对下级立法工作的指导。因此，备案本身并不必然引起对备案法规的审查。[2]尤其是设区的市地方性法规和规章的备案主体众多，要求每个备案主体均进行审查是不现实且没有必要的。[3]

"审查"主要是指特定机关对报送备案的法规规章是否与宪法和法律相抵触、是否存在不适当的情况进行核对审查并提出相关处理意见。[4]显然，"以备审查"是备案的主要目的。"备案"与"审查"是需要澄清的一对概念，尽管在许多规范文本中，备案与审查都是被放在一起阐述的，但是，备案与审查是两种不同性质与内涵的行为，备案属于知情权的范畴，审查是建立在知情权基础之上的审议权。[5]

---

[1] 严海良：《设区的市立法批准制度之检视——以〈宪法〉第一百条第二款为基础的展开》，载《学海》2020 年第 2 期。

[2] 蔡定剑：《立法监督初探》，载《人大工作通讯》1994 年第 17 期。

[3] 李敏：《设区的市立法的法律控制机制研究——基于"五道防线"的思考》，载《苏州大学学报（哲学社会科学版）》2017 年第 5 期。

[4] 封丽霞：《制度与能力：备案审查制度的困境与出路》，载《政治与法律》2018 年第 12 期。

[5] 张春生主编：《中华人民共和国立法法释义》，法律出版社 2000 年版，第 256 页。

另外，批准时的审查和备案审查中的审查区别也是很明显的，二者的内涵与性质也有区别，同属于立法监督的两个环节，适用的时间阶段不同。规范性文件批准生效时的审查属于事前审查，而备案审查制度的审查是对生效法律文件的审查，属于事后审查。

《立法法》规定，所有的行政法规、地方性法规、自治条例和单行条例、规章都应当在公布后的 30 日按规定报有关机关备案。《立法法》第 109 条规定了各种立法的接受备案主体，其中，设区的市、自治州的人民代表大会及其常务委员会制定的地方性法规，由省、自治区的人民代表大会常务委员会报全国人民代表大会常务委员会和国务院备案。

《立法法》第 110 条和第 111 条根据提出审查建议的主体不同，将行政法规、地方性法规、自治条例和单行条例审查分为三种方式：主动审查（包括专项审查）和被动审查。对被动审查的规定，根据启动主体不同区分为要求审查和建议审查。2019 年的《法规、司法解释备案审查工作办法》第 18 条将法规的审查方式分为：依职权审查（即主动审查）、依申请审查（即被动审查）、移送审查、专项审查等方式。实际上，从 2000 年我国《立法法》实施以来，被动审查中的"要求审查"从未启动过，全国人大常委会一直没有收到来自国务院、中央军委、"两高"等法定主体对某一件法规、条例的审查要求。被动审查中的"建议审查"的数量也非常有限，全国人大常委会虽然已收到一些企事业单位和个人提出的对某些法规进行书面审查的建议，由全国人大法工委进行研究是否需送专门委员会审查，但是至今为止也没有任何一个成功启动立法监督程序的公开事例。[1]主要原因是审查标准不明确、审查程序复杂、审查意见反馈少等，公民或组织提出审查建议的积极性不断受挫。实践中，全国人大常委会对于行政法规已经做到依职权主动审查、逐件审查，对于地方性法规则以被动审查为主、以主动审查为辅。

（三）备案审查制度的历史发展

我国备案审查制度建立的时间还不长，相关法律法规还不够完善，有关备案审查的依据主要体现在：《宪法》《立法法》《各级人民代表大会常务委员会监督法》《法规规章备案条例》《法规、司法解释备案审查工作办法》等法

---

〔1〕 胡锦光：《论推进合宪性审查工作的体系化》，载《法律科学（西北政法大学学报）》2018 年第 2 期。

律法规文件中。

我国备案审查制度始于 1979 年颁布的《地方各级人民代表大会和地方各级人民政府组织法》，明确要求地方性法规报全国人大常委会和国务院备案。1982 年《宪法》确认了这一制度，《宪法》第 100 条和第 116 条作出了类似的规定。随后《各级人民代表大会常务委员会监督法》（2006 年）、《法规规章备案条例》（2001 年制定，2024 年废止）、《立法法》分别从备案主体、范围和程序等方面加以完善，上述规定为备案审查制度的最终形成奠定了法律基础。值得一提的是，2019 年全国人大常委会制定了《法规、司法解释备案审查工作办法》，将备案和审查分开规定，并详细规定了审查职责、审查程序和审查标准，为备案审查工作提供了更为明确完备的规范性指导。

党的十九大报告专门强调"推进合宪性审查工作"以及"推进科学立法、民主立法、依法立法"。这些目标为新时代备案审查工作提出了更完善、权威的制度要求与更强大、高效的能力要求。[1] 备案审查制度从"备而不审、审而不纠、纠而不改"到现在的"有件必备、有备必审、有错必纠"，经历了长期的发展过程。[2] 备案审查制度设置的目的是通过对提交备案的法规、规章及各类规范性文件进行审核，防止其违反上位法，维护法制统一，是事后立法监督的重要方式。[3]

二、地方立法备案审查内容和审查结果

（一）备案审查的内容和审查标准

我国《立法法》第 107 条规定了对法律、行政法规、地方性法规、自治条例和单行条例、规章进行审查的主要事项及标准，即由审查主体具体判断是否存在下列情形：①超越权限，②下位法违反上位法规定，③规章之间对同一事项的规定不一致，④规章的规定被认为不适当，⑤违背法定程序。《法规、司法解释备案审查工作办法》第 36 条和第 37 条设定的是"合宪性""合政治性"审查标准，第 38 条和第 39 条分别从"合法性"和"适当性"等方

---

〔1〕 封丽霞：《制度与能力：备案审查制度的困境与出路》，载《政治与法律》2018 年第 12 期。

〔2〕 李晓军：《任何有立法性质文件都不能游离备案审查之外》，载《法制日报》2018 年 1 月 2 日。

〔3〕 秦前红、李雷：《人大如何在多元备案审查体系中保持主导性》，载《政法论丛期刊》2018 年第 3 期。

面对法规、司法解释制定了审查标准。由此可见，我国在审查标准上既有形式标准也有实质标准，既有合法性审查又有合理性审查。我国《立法法》第81条第1款专门规定对于设区的市制定的地方性法规，省、自治区的人民代表大会常务委员会应当对其"合法性"进行审查。

另外，《法规、司法解释备案审查工作办法》设定的"合宪性""合政治性""合法性"与"适当性"四个审查标准，都对地方性法规提出了遵从国家法制统一、维护党中央集中统一领导、保持社会整体价值观稳定的要求。因此，地方立法审查的一个重要判断就是，地方立法权的运用及其结果与中央立法创设的目的相符的程度，即中央与地方之间的立法权力关系问题。[1]

（二）备案审查的结果

依据我国《宪法》《立法法》《监督法》《法规、司法解释备案审查工作办法》的相关规定来看，备案审查的结果分为以下几种情况。

1. 改变或撤销

改变或撤销是有关立法主体对与宪法或上位法相抵触或者不适当的法律、法规、自治条例和单行条例、规章直接予以变更或者宣布无效的制度。"改变"主要是指直接修改法律文件的部分条款，不影响整个法的生效，通常适用于"不适当"的情形。"撤销"是直接从整体上否定法律文件的效力，通常适用于与宪法或上位法"相抵触"的情形。显然，"改变"是对相关立法的部分否定，"撤销"是对相关立法的全面否定。

《立法法》第108条第4项赋予省级人大"有权改变或者撤销它的常务委员会制定的和批准的不适当的地方性法规"。省级人大跨越其常委会直接撤销乃至改变设区的市地方性法规的这一情形，在审查实践和理论研讨中均不常见，但这一规范方案所具有的意义不容忽视。省级人大亲自主持事后审查（改变或撤销），省级人大常委会作为常设机关负责事前审查（批准）。二者相辅相成，均不可缺少。常设机关审查可弥补省级人大审查的会期、议程等时间资源短板，事后审查则可有助于发现运用事前批准不足以发现、在实施

---

[1] 周宇骏：《合目的性的审查分层：我国地方性法规审查基准的实践及其逻辑》，载《政治与法律》2021年第3期。

中才得以充分暴露的立法瑕疵。[1]《立法法》第108条对"改变"与"撤销"两种审查后果的权力行使进行了区分。全国人大及其常委会只能"撤销同宪法或者法律相抵触的地方性法规",地方人大对其常委会则可以"改变不适当的地方性法规"。与地方人大相比,全国人大常委会只能行使撤销权,不可行使改变权,这与"是否有领导关系"有关,表明审查机关与被审查机关存在特殊关系以及对应的制度设计。[2]

2. 提请相关主体处理,或者向制定机关提出审查意见并建议其自行修改和纠正

《立法法》第112条明确了全国人民代表大会专门委员会、常务委员会工作机构、宪法和法律委员会、有关的专门委员会的"提出审查意见权"。也就是说,上述机构如果认为行政法规、地方性法规、自治条例和单行条例同宪法或者法律相抵触,可以向制定机关提出书面审查意见、研究意见。《法规、司法解释备案审查工作办法》第40条、第41条进一步明确规定,专门委员会、法制工作委员会在审查研究中发现法规、司法解释可能存在违背宪法、法律,不适当的情形的,可以与制定机关沟通,或者采取书面形式对制定机关进行询问,需要予以纠正的,在提出书面审查研究意见前,可以与制定机关沟通,要求制定机关及时修改或者废止。

这些规定充分显示了我国备案审查制度的特色,即"先礼后兵",审查主体充分尊重制定机关,多使用柔性审查方式。只有在审查对象与宪法或者法律相抵触,协商不成、沟通无效的情况下才行使撤销权。

三、我国备案审查制度存在的问题

近年来,尽管在国家法治发展的顶层设计上将备案审查提到了一个前所未有的高度,但备案审查的制度供给不足、审查标准模糊、审查能力不足、执行能力短缺等问题依然存在。

(一)备案审查的内容和标准不一

根据《立法法》第81条的规定,省级人大常委会对报请批准的地方性法

---

〔1〕 郑磊:《省级人大常委会对设区的市地方性法规备案审查权:制度需求与规范空间》,载《政治与法律》2019年第2期。

〔2〕 周宇骏:《合目的性的审查分层:我国地方性法规审查基准的实践及其逻辑》,载《政治与法律》2021年第3期。

规，应当进行合法性审查。从这一规定来看，省级人大常委会行使批准审查权的主要标准是"合法性"审查，但是对合法性审查的具体内容和标准又未作明确规定。全国人大常委会法工委曾指出，"对于地方性法规的规定是否适当、立法技术是否完美、文字表述是否优美，不做审查"。[1]但是，《立法法》第 108 条规定，省级人大的"改变和撤销权"，第 109 条关于设区的市地方性法规报省级人大常委会、全国人大常委会、国务院的备案规定。均可以看出，全国人大常委会、国务院及省级人大对设区的市地方性法规的事后监督或备案审查，审查标准既包括合法性，又包括适当性。

省级人大常委会在对报批准的地方性法规的审查过程中，并非仅仅采用"合法性"标准。例如，按照《湖北省设区的市、自治州地方性法规审批工作规程》的规定，湖北省人大常委会对地方性法规的审查包括合法性、重大政策性及合理性问题。具体内容包括，是否符合党中央决策部署和省委工作要求，是否符合社会主义核心价值观，与部门规章、省政府规章同一事项的规定是否相衔接，是否存在其他明显不合理规定。[2]

（二）同一法规文件的备案审查结果可能不同

按照我国现行的立法备案体制，对地方性法规的备案，接受备案的机关往往不是一个，一部地方性法规往往要向多个备案主体进行备案。根据《立法法》第 109 条第 2 项，设区的市制定的地方性法规，由省级人大常委会报全国人大常委会和国务院备案。设区的市制定的规章报本级人大常委会、省级人大常委会、省人民政府和国务院备案。可见，设区的市地方立法要面对三四个备案机关，且既有人大系统，又有国务院这种的行政机关，多重备案审查，导致不同备案机关审查后，极有可能造成不同的审查结果。若审查结果不同，必然不利于维护备案审查制度的统一，也将影响备案机关的权威，削弱备案审查制度的实际效果。

（三）依职权审查不到位，依申请审查较少

目前，除了对行政法规和司法解释实行逐件审查外，地方性法规和政府规章因数量众多、审查力量有限，只能有重点、有选择地开展依职权审查

---

〔1〕 全国人大常委会法制工作委员会国家法室编著：《中华人民共和国立法法释义》，法律出版社 2015 年版，第 232 页。

〔2〕 参见《湖北省设区的市、自治州地方性法规审批工作规程》第 15 条、第 16 条

（主动审查）。依职权审查在本质上仍属于抽象的事先审查，通常在审查机关内部操作，审查结果一般不对社会公开，其所承载的立法监督功能是非常有限的。[1]

对于依职权审查（主动审查），根据启动主体不同区分为要求审查和建议审查。2015 年之前，"要求审查"从未启动过，"建议审查"的数量也非常有限。2015 年修正的《立法法》新增加了备案审查的意见反馈和信息公开的规定，使这一状况逐渐得到好转。备案审查的意见反馈和信息公开制度，有利于保障审查建议人的知情权，增强公民、组织提出审查建议的积极性，提高社会公众对备案审查工作的关注度与参与度，促进制定机关尽早纠正违法问题，有效维护国家法制统一。例如，2016 年杭州市民潘洪斌向全国人大常委会提出的"《杭州市道路交通安全管理条例》合法性审查建议"被受理、建议获得支持并收到书面意见反馈。杭州市人大常委会在修改该条例的同时还委托专家学者对本届人大任期内制定的全部地方性法规的合法性进行了审查。[2]

四、地方立法备案审查制度的完善路径

（一）激活省级人大常委会的备案审查权

中国人大网资料显示：2019 年，按照规定报送全国人大常委会备案的行政法规、地方性法规、司法解释共 1485 件，其中省级地方性法规 516 件，设区的市级地方性法规 718 件。[3] 由上述数据可见，就全国人大常委会而言，单一审查主体难以解决审查对象的大批量与审查资源的有限性之间的矛盾。

---

〔1〕 李敏：《设区的市立法的法律控制机制研究——基于"五道防线"的思考》，载《苏州大学学报（哲学社会科学版）》2017 年第 5 期。

〔2〕 2015 年 10 月，浙江省杭州市居民潘洪斌因骑行一辆外地牌照的电动自行车被杭州交警依据《杭州市道路交通安全管理条例》扣留。潘洪斌认为，该条例在道路交通安全法的有关规定之外，增设了扣留非机动车并托运回原籍的行政强制手段，违反了法律规定，因此于 2016 年 4 月致信全国人大常委会提出审查建议，请求撤销该条例中违反行政强制法设立的行政强制措施。全国人大常委会法工委认为条例关于扣留非机动车并强制托运回原籍的规定与行政强制法这一"上位法"的规定不一致，遂与杭州市人大常委会进行沟通，要求制定机关进行研究，对条例规定进行修改。杭州市人民代表大会常务委员会启动条例修改程序。2017 年 7 月，浙江省人大常委会批准了《杭州市人民代表大会常务委员会关于修改〈杭州市道路交通安全管理条例〉的决定》，相关条例内容已被修改和删除。

〔3〕 参见《全国人民代表大会常务委员会法制工作委员会关于 2019 年备案审查工作情况的报告》。

因此，建议改革备案审查机制，建立以省级人大及其常委会备案审查为主的备案审查体制，并赋予备案审查主体以充分的改变权与撤销权，以及时纠正违法的设区的市地方立法。

根据《立法法》第109条的规定，设区的市地方性法规的备案主体有全国人大常委会和国务院。此外，设区的市地方性法规在经过省级人大常委会批准后，也要向其进行备案。也就是说，设区的市地方性法规要同时向三个机关进行备案，即全国人大常委会、国务院、省级人大常委会，并接受它们的备案审查。

表3-1　设区的市地方性法规备案审查类型

	全国人大常委会	省级人大常委会	国务院
事前批准审查		√	
事后备案审查	√	√	√

另外，省级人大基于"改变或者撤销它的常务委员会……批准的不适当的地方性法规"所享有的审查权（《立法法》第108条第4项）在实践中并不常见，比较容易被忽视。

（二）合理划分审查机关和被审查机关的职权

2015年修正的《立法法》赋予设区的市地方立法权以来，设区的市开始大量立法，以平均每年出台一至两部地方性法规的速度进行地方立法，从而使省级人大常委会备案审查的压力激增。立法主体的激增导致立法数量的大幅增加，由于我国并没有地方立法的专门监督机构，因而省级人大常委会是否能有效地对下级行使监督权，也存在疑问。首先，大量的地方性法规的出现使得省级人大常委会面临的审批任务空前巨大，不仅需要增设更多的内部机构，对工作人员的能力、素质也提出了更高的要求。其次，省级人大常委会本身就还有立法、选举等其他职能，职能的复杂性和多样性导致其很难专注于立法监督，势必也会影响法律监督质量。有学者统计，从审批时间上看，一件地方性法规从设区的市人大常委会通过到省级人大常委会批准，2017年上半年达到 78.8 天，个别地方性法规的审批时间甚至超过了 4 个月。[1]如果再算上省级人大常委会提前介入设区的市地方性法规立项、起草和审议过程的时间，一件地方性法规审查批准需要的周期更长。以湖北省为例，全省共13 个设区的市和自治州拥有地方性法规的制定权，一件地方性法规一般要经过设区的市人大常委会三次审议再表决，大概需要 6 个月时间。因此，每件地方性法规省级人大常委会提前介入的时间在 6 个月以上，足见周期之长、工作量之大。[2]

由于省级人大常委会的全过程介入，设区的市地方性法规制定权的空间被压缩。在地方性法规的制定过程中，从立项到起草，虽然都是由设区的市人大常委会在具体安排和操作，决定权实质上都掌握在省级人大常委会手中。结果就是，导致设区的市人大常委会制定地方性法规的主动性、积极性大大降低，设区的市逐渐失去行使地方性法规制定权的空间，这也违背了《立法法》将地方立法权下放的制度初衷，与《宪法》《立法法》权力配置逻辑相背离。

因此，在设区的市备案审查制度上，一方面既要激活省级人大常委会的备案审查权，另一方面又要省级人大常委会适当放权，赋予设区的市更多的立法自主权，不必要全程控制、全程参与地方性法规的制定。严格把关地方立法的事后监督权，依法做好备案审查工作，不缺位也不越位。

（三）统一备案审查的基准，建立以省级人大常委会为主的审查机制

当前，关于备案审查的基准散见于《立法法》《监督法》《法规规章备案条例》《法规、司法解释备案审查工作办法》等多部法律法规中，不仅内容分散，而且位阶参差不齐。通过对审查基准的梳理可以发现，对审查基准的认定还存在不一致的地方。为了保障审查结果一致，今后需要逐步统一备案审查基准。

《立法法》第 107 条将审查基准列为下列五种情形：超越权限、违反上位法、内容矛盾、违背法定程序和规章是否适当，这包括了四项合法性基准和一项合理性基准。第 107 条确立的备案审查范围，既包括行政法规，又包括

---

〔1〕　闫然、毛雨：《设区的市地方立法三周年大数据分析报告》，载《地方立法研究》2018 年第3 期。

〔2〕　冉艳辉：《省级人大常委会对设区的市地方性法规审批权的界限》，载《法学》2020 年第4 期。

地方性法规和规章，无论是人大还是政府都需要遵循以上审查基准。根据《法规、司法解释备案审查工作办法》的规定，审查基准包括合宪性、政治性、合法性与适当性四项标准，审查基于这四项具体情形启动，进而审查机关才会运用审查基准，以分析立法"抵触"或"不适当"的严重程度，并确定开展审查的强度。从以上规定可见，地方性法规的备案审查基准既包括合法性审查又包括合理性审查，各审查机关应当统一审查基准，建立起多道防线，为保障地方性法规的立法质量，构筑坚实的事前批准审查、事后备案审查的多方监督体制。

第二节　地方立法清理

地方立法清理是地方立法完善的一个重要环节，随着我国立法工作的发展，无法可依的时代一定会过去，所以立法工作的重心慢慢地将转变到立法的清理工作中来，由过去的创制新法而转变为清理已经制定并实施的旧法，从而确定旧法是否应该继续有效，抑或是应该进行修改或废止。换句话说，确定已经颁行的法，是否适应时代的要求、是否依然切合国情、市情和当地的实际情况以及人民群众的要求、是否具有客观性和科学性，进而决定其是否应该继续有效，还是应该进行修改或废止。我国的立法，不论是中央立法还是地方立法过去一直十分重视法的创制，对已经颁行的法的清理工作研究不够，实践中这项工作开展不足，经验积累十分有限，国家层面和地方层面的立法清理工作没有形成制度化。

一、地方立法清理概念和特征

地方立法清理是指法定有权的地方国家机关，在自己的职权范围内，按照一定的方法和程序，对该地方现存的规范性法律文件进行审查，解决这些规范性法律文件是否继续适用或是否需要加以变动（修改、补充或废止）的问题的专门活动。[1]

一般认为，地方立法清理具有以下几点基本特征：①地方立法清理的主体只能是特定的国家机关，具有法定权力的专门国家机关，享有地方立法权

---

〔1〕　周旺生：《立法学》，法律出版社 2004 年版，第 662 页。

的地方人大和地方政府。②地方立法清理是遵循法定程序的活动。虽然在我国相关的法律法规中并没有明确立法清理程序的规定，但在立法实践中形成了一些规范的程序和相应的做法，一般由特定机关的工作机构对现行法律法规进行分类，整理与审查，提出清理的意见（或报告），再交由立法机关审议通过，最后公布清理决定。③地方立法清理更具有迫切性。地方立法清理的迫切性一方面源自国家立法的变动，修改、废止或者新法的颁行。地方立法是从属性立法，国家立法的变动，决定了作为其下位法的相应的地方立法也必须相应变动，否则地方立法就不具有合法性。除了因为国家立法变动的原因需要对地方立法进行清理之外，地方立法由于所涉及的人口、土地面积较小，社会经济、文化、人们的观念意识等的变化都要比全国范围的立法要快，立法作为人的活动，无疑也会经过清理制度进行变化，以适应社会经济、文化、人的观念意识的变化。[1]④地方立法清理有更多的合法性要求。立法清理作为一项立法活动，是公权力运行的活动，当然应该坚持合法性原则，在法定的职权范围内、依照法定的程序运行，清理活动的结果须合乎宪法法律，不得违背上位法。地方立法清理同样必须遵守合法性要求，只是比较起来地方立法清理有更多的合法性要求。由于我国实行的是"一元两级多层次"立法体制，所以，地方立法清理的合法性所应该遵守的上位法从层级上看应该更多，作为某一地方国家机关在进行地方立法清理的过程中，必须使自己制定的地方立法符合上位法的要求。所以，地方立法清理需要遵循的合法性标准，或者说依据的"法"在数量上、内容上更多。

二、地方立法清理的意义

健全地方立法清理机制，可以使那些与上位法相抵触的、与地方经济社会不相适应的地方性法规、规章被及时发现并予以调整和完善，对提高地方立法质量，维护法制统一，形成科学的法律体系，实现新时代的良法善治具有重要意义。

第一，健全地方立法清理机制，可以促进法与社会协调发展，确保立法始终不落后于时代，有助于提高地方立法质量。法谚曰，"法从它制定的那一刻起就已经落后于时代了"。法是客观生活中社会关系的反映，是对客观社会

---

〔1〕　张显伟等：《地方立法科学化实践的思考》，法律出版社 2017 年版，第 185 页。

关系的法律化，但是从法律产生之后，社会的发展是不会停滞不前的，社会的发展将产生新的社会关系，需要新的法去调整。因此，法律具有滞后性的天生缺陷，法也需要进行不断的调适。所以立法应该反映社会发展的需求，立法者要不断对法进行制定与修改，以满足社会的发展。国家层面的立法清理和地方立法清理最根本的任务就在于对已经颁行的法进行修改、废止，或者在此基础上进行新法的创制，以建立与社会发展相协调的法律制度。

第二，健全地方立法清理机制，有利于维护法制统一。法制统一是我国宪法明文确定的一项基本原则。它不仅要求法的本质的统一、法律形式的统一，更要求法律内容的统一。由于我国采用的是"一元两级多层次"的立法体制，立法主体的多样化、立法层次的多级别、立法内容的复杂，使得规范性法律文件之间的矛盾和冲突变得愈加可能，法律规范之间的冲突和抵触会严重损害国家的法制统一。解决立法冲突和抵触的举措不少，而立法清理是其中一个不可或缺的重要措施，通过规范性、常态化的立法清理，可以较好地解决法律法规规章之间的不协调，有利于维护国家的法制统一。

第三，健全地方立法清理机制，有助于构建科学的法律体系。法治国家的前提基础之一就是一个国家和地区的法律体系科学、和谐，法从不同角度、在不同方面对社会关系主体的行为进行科学、完整地规范，确保社会主体的行为有法可依。立法清理分为集中清理、定期清理与专项清理等，通过立法清理可以明确看出一个国家、一个地区在法律体系上存在的问题，立法漏洞或立法空白，对社会关系调整的疏漏或严苛。通过立法清理活动得以显现，进而通过对法律法规的废、改、立活动使法律体系更加科学化。

三、地方立法清理的主体和标准

地方立法清理的基本内容，主要包括地方立法清理的主体、标准和程序。这是未来构建和完善地方立法清理制度的重中之重。

（一）地方立法清理的主体

地方立法清理的实施主体，是依法拥有地方立法清理权的特定的地方国家机关。根据我国《宪法》《立法法》等相关法律规定，有权进行地方立法清理的主体一般是行使地方立法权的主体，国家和地方层面的立法清理工作的惯常做法是"谁制定，谁清理"。因此，地方立法清理的实施主体包括：省级人大及其常委会，设区的市、自治州的人大及其常委会，省级人民政府、设区的市和自治州的人民政府拥有地方立法清理权。实践中，有的地方立法清理由地方立法主体的工作机构具体负责事务性的工作，如各省、市人大常委会法制工作委员会，或者立法主体成立临时的地方立法清理工作机构，如法规清理小组来具体操作地方立法清理工作。在相关的工作机构完成了清理任务，形成初步的清理意见后，由地方立法主体对其工作机构的清理报告进行审议、表决、批准通过。

　　地方立法清理主体的构成，除了实施主体之外，还存在参与主体。地方立法清理的参与主体是除了地方立法清理实施主体之外，参与到地方立法清理活动过程中，享有一定的权利和义务，对地方立法清理的结果产生一定影响的组织和个人。虽然地方立法清理的实施权属于特定的地方权力机关和地方人民政府，但在实践中，地方立法清理活动如同地方立法起草活动一样，不是专门机关独立完成的，而是多方主体参与的过程，参与者可以包括个人或组织。目前，地方立法清理的发展趋势是，各地立法机关越来越多地与专业化的地方立法咨询服务机构进行合作，吸收立法专家或者委托独立的第三方参与到地方立法清理工作中来。这种多方参与地方立法清理机制，不仅可以更好地吸收民意，增强地方立法清理的专业性，还有利于提升地方立法的科学性和民主性，从而提高地方立法质量。

　　例如，2018 年 10 月《大气污染防治法》进行了修正，为了响应全国人民代表大会常务委员会关于生态环保领域规范性文件集中清理的工作任务。在上位法和国家政策作出调整的背景下，孝感市人民政府开始启动地方立法清理工作。2021 年初，孝感市人民政府开始对《孝感市扬尘污染防治管理办法》（以下简称《办法》）进行修订，委托孝感市地方立法研究中心对《办法》进行全面修订，并于 2021 年 1 月 20 日起施行。该《办法》的立法清理（修订）工作就是依托地方立法研究中心这样的地方立法专业咨询和服务机构，充分发挥高校科研机构的优势，提高了立法清理的效率和质量，取得了良好的社会效果。

　　（二）地方立法清理的标准

　　1. 合法性标准

　　地方立法清理中的合法性要求，主要是指地方性法规、规章所规范的内容要合乎上位法的规定，遵循"不抵触原则"。地方性法规属于法规范的一种，在法律效力位阶上，不得与宪法、法律、行政法规等上位法相抵触，"不抵触"指的是，不与上位法的原则与精神相抵触；不与上位法规范相抵触。如前所述，作为国家立法的上位法，《大气污染防治法》进行了重大修正，设区的市地方政府规章也应当及时作出相应的修订，以保持地方立法与国家法律相一致，维护国家法制统一。

地方性法规的上位法分为两种类型：一是直接的上位法。如果某一法律或行政法规与具体的地方性法规在立法目的和规范事项上都是相同的，自然就构成其上位法。对于那些实施性立法而言，其所欲实施的法律或行政法规显然是其直接的上位法。如某设区的市制定的《XX市电动自行车管理条例》，这部地方性法规的上位法包括，《道路交通安全法》《道路交通安全法实施条例》、省级《实施〈道路交通安全法〉办法》等法律、行政法规、省级地方性法规。

二是间接的上位法，是指立法目的不同，但规范了相同事项的法律或行政法规。如《行政许可法》的立法目的在于规范行政机关的行政许可权，具体规范了某一事项不需要经过行政许可，但某地方性法规以保护某项利益为由，规定要对这一事项设置行政许可，那么《行政许可法》就构成了该地方性法规的上位法。

由于存在间接的上位法，一部地方性法规的上位法可能就不止一部。这就要求在判断某一部地方性法规是否违反"不抵触原则"时，不能单独地看是否抵触直接上位法或单个的上位法，而应综合考量和判断，以寻求其合法性的科学认定。[1]

2. 合理性标准

地方性立法清理不仅要考虑合法性审查，还要考虑其合理性。具体而言，合理性标准要考虑以下几个因素：一是地方性法规、规章的内容与党中央的重大决策部署是否相符、与国家的重大改革方向政策是否相符。二是为实现行政管理立法目的所规定的手段与立法目的是否相适应。三是与当地社会发展的实际情况是否相适应。

---

[1] 武钦殿：《地方立法专题研究——以我国设区的市地方立法为视角》，中国法制出版社2018年版，第33页。

3. 协调性标准

指的是对于同一位阶的地方性法规、规章之间是否存在矛盾和不一致的地方，防止地方性法规、规章"打架"。例如，省政府颁布的政府规章与设区的市地方性法规之间，同一设区的市颁布的地方性法规前法与后法之间等，立法精神、条文内容应当协调一致。也包括，上位法发生修改、废止的情况下，设区的市地方性法规、规章作为下位法，应当及时启动立法清理工作，确保法律的有效执行，促进中央和地方的法制协调统一。

四、地方立法清理的程序

地方立法清理的程序是地方立法清理制度的重要组成要素，是地方立法清理制度实现的载体。但是，从我国目前立法现状来看，既没有国家层面的立法清理程序，也缺乏地方层面的立法清理程序。地方立法清理活动是一项立法活动，因此也应该在法的规制下规范化运行，地方立法清理也应该有自己的程序规定。我们认为，地方立法清理的程序也必须遵循立法活动应遵循的基本程序。

地方立法清理的程序包括地方立法清理案的提出、审议和通过与公布（意见处理）三个阶段。其中，法规、规章的修改和废止是意见处理阶段的一种具体形式。

（一）地方立法清理案的提出

法律案的提出是属于特定的主体在其职权范围内提出的属于立法主体立法事项范围内的法律案。根据《立法法》规定，不同的立法主体有着不同的立法提案权主体的范围。对于立法清理案的提出，我国实践中的做法，主要是由立法主体的法制工作机构提出，如全国人大的宪法和法律委员会、全国人大常委会的法制工作委员会、国务院的法制办等。我们认为，立法清理案的提出应该具有专属性，只能为立法主体的组成机构，一般是法制工作委员会提出。因为立法清理是一项专业性较强的活动，非专门的机构不能承担。

立法清理案的提出应当具有规范化的内容：法的清理案的名称，规范性文件的范围，清理的初步意见和理由说明（被清理的规范性文件需要修改、废止等结果），提案人名称等。地方立法清理案的提出，在提出主体和提出的具体程序上可以参照国家立法清理的做法对应设计。以设区的市为例，地方立法清理案的提出主体，设区的市人大常委会的法制工作委员会提出地方性法规清理案，设区的市人民政府司法局提出地方政府规章清理案。

（二）地方立法清理案的审议

法的清理案同立法案一样，提案后进入审议阶段，其审议也应由有一定立法权的主体进行。按照《立法法》规定，一般法律案的审议，以三审制为原则，两审制、一审制为例外。由于法的清理案的提出是由立法主体的专门工作机构完成，它不同于其他一般主体，提交给立法主体的法的清理案无需再交由法律工作机构先行审议，因此，对法的清理案的审议可采用一审制或两审制。立法主体的法制工作机构可直接将法的清理案提交立法机关审议。立法机关审议法的清理案时，应当听取提案人的说明，对某些内容的审议还可以采取听证会、座谈会等形式听取意见。如果采用两审制，则提案人在第一次审议的基础上提出法的清理修正案，然后再交由立法机关审议。

关于对地方立法清理案审议的标准，可以考虑以下几个方面：一是否适合国家和本地的社会经济发展需要，是否适合社会情况的变化；二是与现行的宪法法律行政法规等上位法是否相抵触、与国家的大政方针是否相一致，在多大程度上一致或者相抵触；三是在内容上、文字上和其他有关方面是否存在问题，问题的严重程度如何。在审议过程中如果有必要，应当对清理案中的清理报告所提出的处理意见加以修改。这种修改可以由地方立法主体进行，也可以由地方立法提案者或者立法主体的工作机构进行修改。[1]

（三）地方立法清理案的通过与公布

法的清理案经过立法机关审议后，以多数票方式表决通过。法的清理案表决通过后，应当将清理结果公布。根据我国地方立法清理实践工作，地方立法清理结果，即意见处理结果通常包括：其一，宣告哪些法律继续有效并将其列为现行法；其二，宣告哪些法律已失效并予以废止；其三，宣告哪些法律需要修改、补充并尽可能确定由谁修改、补充。[2]

地方立法清理的性质决定了地方立法清理结果的公布程序和公布方式，与法的公布程序与公布方式相一致。例如，全国人大及其常务委员会的法律清理结果以国家主席令的形式在全国人大常委会公报上正式公告公布，行政

---

〔1〕 李林：《立法理论与制度》，中国法制出版社 2005 年版，第 103 页。
〔2〕 王建华、杨树人：《地方立法制度研究》，四川人民出版社 2009 年版，第 141 页。

法规的清理结果应以总理令的方式在国务院公报上正式公布。在公布法的清理结果时，应将被宣告有效、无效、废止的法规范性文件以及拟修订、补充的法规范性文件，列出目录一并公布。地方立法清理结果的公布程序和公布方式可以比照国家立法清理程序进行相应设置。地方立法的清理结果一经公布，地方立法清理即告终结。

五、地方立法清理值得思考的几个问题

地方立法清理是具有法的效力的立法完善活动，它与创制新的法律法规同样重要，但目前地方立法中立法清理制度仍然存在一些不足，影响和制约地方立法质量。

（一）地方立法清理缺乏法定制度

地方立法清理需要及时且慎重，才能保证法律体系的协调一致，消除法律规范中的弊端，有益于执法、司法、守法的进行，并保证法的稳定性、连续性。但在目前地方立法实践中，应当及时修改、补充或废止的法规规章长时间得不到清理，应当慎重对待，不能轻易变动但事实上却频繁变动的法规规章，也不在少数。《立法法》只是简略地规定了法律的修改程序适用法的制定的有关规定，除此之外，对于法的清理的具体程序、相关制度均无明确规定，各地制定的地方立法程序或工作规程里面也只是散见了一些零星条款，并不统一。地方立法清理是立法后完善程序的重要环节，在国家立法层面却没有受到相应的重视。制度供给的缺失，给地方立法清理工作带来了一定的实际困难。

（二）地方立法清理缺乏法定程序

地方立法清理应遵循法定的程序，只有严格按照法定程序进行立法清理活动，才能尽最大可能地调动一切民主因素，使修改、补充、废止的地方立法能代表最广泛的民意。实践中，地方立法的清理在地方立法的发展进程中得到广泛的运用，但与之形成鲜明对比的是，关于地方立法清理制度及其程序的法律条文却少之又少。[1]这就造成了当前地方立法的清理工作中的许多问题，地方立法清理没有严格的程序和统一的形式，立法清理过程不公开，

---

[1] 潘传广：《我国地方立法质量路径问题研究》，长春理工大学 2010 年硕士学位论文。

缺乏透明度，有些应及时清理的地方立法长时间得不到清理。

（三）国家层面重视立法清理工作，地方层面立法清理相对滞后

以全国人大常委会立法清理为例，近年来，全国人大常委会每年积极开展集中清理或专项清理活动，并将立法清理结果在中国人大网予以公开公布。例如，2018 年以来，全国人大常委会持续开展生态环保领域法规、司法解释等规范性文件集中清理工作。在 2018 年督促地方修改 514 件、废止 83 件地方性法规的基础上，2019 年又督促地方修改 300 件、废止 44 件。持续一年多的生态环保领域规范性文件集中清理工作任务已基本完成。[1]

省级地方立法机关也比较重视法规清理活动，定期组织立法专项清理活动。2021 年 3 月 22 日，湖北省人大常委会召开法规清理工作会议，启动省级地方性法规全面清理。将重点围绕优化营商环境、长江生态保护、公共卫生体系建设三个方面，对省人大及其常委会通过的现行有效的 212 件地方性法规和法规性决议、决定进行全面清理。

设区的市地方立法活动，始于 2015 年《立法法》修正之后，绝大部分设区的市地方立法于 2016 年开始启动。由于起步较晚，到目前为止，每个设区的市制定的地方性法规和规章的数量有限，但是立法学界一般认为，每部法规适用寿命 5 年左右。因为，极有可能出现下列情况：与党中央有关决策部署和精神不一致、不符合新发展理念。与国家法律法规不适应、不协调、不衔接的。不符合国家和省委有关要求的。不符合经济社会发展需要等，从而需要进行立法清理、修改、补充或废止。因此，设区的市也要积极开展地方立法清理活动，主动及时地调整地方立法，保持法的协调一致性，全面提高地方立法质量。

---

[1] 参见《全国人民代表大会常务委员会法制工作委员会关于 2019 年备案审查工作情况的报告》。

第四章

地方立法中的几个重要问题

第一节　地方立法中"不抵触"原则的理解与适用

一、"不抵触"概述

（一）不抵触的含义

"抵触"，顾名思义，含有相互对立、矛盾的意思。在《辞海》中，把"抵触"解释为"冲突、顶撞"。从法律意义上来讲，抵触就是指调整同一对象的法律规范之间的对立冲突。因此，必须存在两个以上的法律规范才可能发生相互抵触的结果。其主要表现为上下位法之间的冲突，新旧法之间的冲突，特殊法和普通法之间的冲突。由于中央立法和地方立法是上下位法的关系，在此着重以此关系来论述抵触之含义。

上位法与下位法的关系的核心要义，就是要求下位法作出的规定不得和上位法相抵触，不得违背上位法的基本精神和原则，以防止出现法律规范之间相互矛盾、破坏法制统一的情况。在我国，各法律规范之间有着严格的效力位阶关系。宪法作为根本大法，居于最高地位，一切法律法规都不得与之相抵触，其次是法律，位阶高于行政法规和地方性法规，二者均不得与法律相抵触，再者是行政法规，最后才是处于最低位阶的地方性法规。在地方层面，省级法规又高于设区的市的法规。因此，地方立法的不抵触性是要求地方立法主体在进行立法活动时，必须充分理解上位法的内涵，贯彻不抵触原则，所立之法不得和宪法、法律、行政法规相违背或相矛盾。

　　除此之外，我们还应当区分不一致和抵触二者的区别。从词义解释来看抵触一定就是不一致的，那么不一致就一定是抵触吗？实则不然。根据各种法律实践，可以发现地方规定和中央规定（即下位法和上位法）不一致的情况实属普遍。究其原因，是因为上位法的规定是适用于全国的、具有普遍约束力的、带有统领意义的规范，下位法对上位法作出细化导致和上位法的某些规定不一致，是为了能更好适应当地的具体情况，使上位法更具操作性和实践性。因此，完全将抵触等同于不一致的看法，是不妥的。首先，如果强制要求地方立法和中央立法完全一致，这当然能保证法制的统一性，也就无所谓抵触的问题，但是这会极大地束缚地方立法权，导致地方不敢放手立法，挫伤积极性，带来的后果只能是重复表述或抄袭上位法，地方立法权形同虚无，地方性法规、政府规章也形同虚设，丝毫发挥不了地方立法在社会治理中的应有作用。并且过分强调地方立法和中央立法的一致性，当遇到复杂紧急情况时，上位法对此又没有规定，这就出现了立法空白，然而地方又不敢擅自做主，只能依赖上级的决定，这不仅降低了办事效率也完全发挥不了地方的自主性，导致管理能力低下。其次，"不抵触"既是限权也是授权。限权表现为下位法不得与上位法相抵触，地方性法规须按照规定报上级备案审查。"不抵触"尽管是对地方立法的限制但也并不能表明地方就不能制定法规，只要不与宪法、法律、行政法规相抵触，地方就可以结合本地实际情况在立法权限范围内制定地方性法规。最后，从辩证关系的角度看，如果否认地方立法权，将抵触等同于不一致，那么偌大的国家只由几部法律来规制，显然是不合理的。一个国家法制的统一必须建立在有差异、多样性的前提下。在某种意义上，不一致是地方立法的必然产物，也是地方立法的生命力所在。

　　有学者提出，国家的立法宗旨和本意，就是在下位法和上位法不抵触的情形下突出地方特色，而不是将地方性法规仅仅局限于上位法的既有规定和框架内。例如，《湖北省法律援助条例》将交通事故、工伤、家庭暴力等造成的损害都纳入了法律援助的范围，扩大了《法律援助条例》的援助范围。这显然是与上位法的条文规定不一致，但却可以更好地保障当事人的权利，更加符合立法精神，不能因此就认定为抵触。再如《义务教育法》规定义务教育期间不收学费、杂费，而《四川省〈中华人民共和国义务教育法〉实施办法》[1]结合四川省实际，不仅规定不收学杂费，还规定免费提供教科书和作业本。这虽然也与上位法的规定不一致，超出了上位法的规定范围，但明显对学生更为有利，体现了政府对教育事业的重视，并不当然就是抵触。因此，地方性法规是否与上位法相抵触，不能仅仅从条文规定来判定，要综合实际情况，从整个法律体系出发，领会中央立法目的，着眼全局，综合判断。

（二）不抵触学说

关于不抵触的学说，在学术界主要有三种观点，即：依据说，直接抵触说，直接抵触与间接抵触说。

依据说认为，地方立法时必须以上位法的规定为依据，要在上位法规定的范围内立法，不得超出其规定范围。如果上位法未作规定或未及时规定，地方权力机关不得擅自对该项事务作出规定。依据说的本质就是地方立法必须以上位法的存在为基础，上位法的存在赋予了地方立法合理性与正当性。也就是说，只要没有上位法的依据，地方的立法就是违背上位法的，就是和上位法抵触的。地方立法机关只有执行性立法权，在没有上位法的依据和授权的情形下，制定地方性法规，是违背立法原则的，就是和上位法相抵触的。

直接抵触说认为，地方立法的不抵触性，就是要求地方立法机关在制定法规时，不得作出和上位法具体规定相抵触的规定。但是在结合地方实际的情况下，对上位法没有规定的事项也可以制定相应的地方性法规。地方制定的具有地方特色的法规，在不与上位法的具体规定相冲突的情况下与上位法不发生抵触。该学说在不抵触的前提下，又重视地方特色，着重发挥地方的自主性，如果遇到上位法没有规定而地方又亟待解决的事情，通过地方立法可以有效地化解矛盾冲突，也为日后上位法对制定该项规范提供了很好的借鉴作用。因此，根据该说，只要地方立法未与上位法的明文规定相抵触，那么就可以在其立法权限范围内结合本区域的实际情况制定地方性法规。

直接抵触与间接抵触说认为，地方立法要保有其不抵触性，除了不得作出与上位法具体规定相抵触的规定外，亦不得与其基本原则和基本精神相冲突。法律作为一种规范，不可能穷尽所有事项，复杂的社会千变万化，法律也不能面面俱到所有的都囊括其中。对于各地方的事务，在法律没有规定的情况下，可以制定符合本地情况的地方法规以弥补上位法对该项事务的空白

---

[1]　参见《四川省〈中华人民共和国义务教育法〉实施办法》第1条、第2条。

规定。中央立法时，除了一些具体的条文规定外，还会说明其立法原则和精神，那么下位法在进行相关的立法时就应该在不与上位法具体规定相抵触的情形下围绕其基本原则和精神开展法律活动。即使上位法对相关的原则和精神没有明确说明，但在对其具体条文进行分析提炼后也能领会相关法律的立法宗旨。因此，该说最大的不同就是强调了上位法的基本原则和精神也是下位法不抵触的内涵之一。

通过以上论述，我们支持直接抵触与间接抵触的观点。首先，依据说主张地方性法规都要有上位法的依据失之偏颇。不抵触并不是要求地方只能在上位法的框架内进行立法，而是要兼顾地方法规的"不抵触"和"有特色"性，也即强调地方的自主管理，在与上位法不抵触的情况下可以根据本区域实际状况进行立法。如果过分强调地方立法和中央立法的一致性，下位法必须以上位法的规定为依据，那么只会导致下位法照搬上位法的条文，出现"重复立法"，地方立法权也就没有其存在的价值和意义。其次，对于直接抵触说，虽然承认了地方对上位法未规定的也有立法权，但是忽视了上位法基本原则和精神对下位法的约束作用，尺度过宽。只要上位法未作规定下位法就可进行立法，容易导致地方钻法律漏洞，出现质量不高甚至和上位法背道而驰的立法。最后，直接抵触和间接抵触说，既不过度收缩地方立法的立法权限，也不过度放宽，让地方立法权限张弛有度且又有明显的外围边界，看到了上位法的基本原则和基本精神的重要作用，认识到其也是上位法的组成部分，诠释出了不抵触的基本内涵。因此，此学说也是理论界普遍认同之观点。

（三）不抵触的基本内涵

1. 地方立法不得超越其立法权限

根据《立法法》第 11 条的规定，明确了 11 项只能由全国人大及其常委会制定法律的事项。这是全国人大及其常委会的专属立法事项。作此规定，就是因为该条所列事项是国家的根本，是维系着整个社会政治经济平稳安全发展的重要支撑，如果各地都可对此事项立法，会动摇国家的基础，这势必会影响国家的安全稳定和长足发展。因此，地方权力机关在制定地方性法规时，不得涉足《立法法》第 11 条规定的事项。例如，《XX 市电动自行车管理条例（草案）》中，第 45 条规定"使用伪造、变造的临时通行标志的……对驾驶人处 10 日以下拘留", 这是严重超越其立法权限, 违背上位法的规定。因为限制人身自由是由《立法法》明确规定的全国人大及其常委会的专属事项, 只能由法律对此作出规定, 地方性法规对此无权作出规定。

对于设区的市的立法权限, 《立法法》第 81 条赋予其在城乡建设与管理、生态文明建设、历史文化保护、基层治理等方面的立法权, 此四个方面都是涉及本区域全局的重要事项或者与人民群众密切相关的, 赋予设区的市相应的立法权能更好地关注人民整体利益和地方健康发展, 从而发挥地方立法权应有的作用。但是, 应注意的是城乡建设与管理、生态文明建设、历史文化保护、基层治理这四类事项的范围究竟有多广, 法律并没有明确说明。根据中央有关指导意见[1], 明确指出城市管理的主要职责是市政、环境、交通、应急管理和城市规划实施管理等, 并规定了许多具体的内容。因此, 我们认为城乡建设与管理的范围应当作广义的理解, 并不一定与上位法的明文规定不一致就构成抵触。所以, 对于设区的市的立法权限, 地方立法主体就应该严格遵守《立法法》第 83 条的规定, 在相应的立法权限范围内进行立法, 不得从实质上和形式上超越其立法权限。

对于设区的市的立法权限, 有些学者指出, 《立法法》第 81 条中的"基层治理"的表述过于模糊, 易于被扩大解释, 也易于造成设区的市人大及其常委会越权立法。实践中, 地方立法对"基层治理"试图进行定义, 例如, 青海省《海东市基层社会治理促进条例》第 2 条第 2 款规定: "本条例所称基层社会治理, 是指在党委领导下, 乡镇人民政府、街道办事处和村 (居) 民委员会、社区等自治组织为主体, 其他各类社会组织、居民共同参与的基层社会建设、管理、服务等活动。"但这并没有完全厘清基层治理地方立法的边界和范围, 仍有一些问题 (如县域治理属不属于基层治理, 基层与城乡管理的关系, 基层治理是否包含经济管理事务, 镇街综合执法事务属不属于基层治理等) 存在争议。[2]建议适时出台立法解释文件, 全面阐明目前设区的市地方立法中面临的一系列问题。

---

〔1〕　参见 2015 年《中共中央、国务院关于深入推进城市执法体制改革改进城市管理工作的指导意见》中"理顺管理体制"一节。

〔2〕　胡健等:《高质量推进新时代地方立法工作》, 载《地方立法研究》2024 年第 1 期。

2. 地方立法不得和上位法的明文规定相抵触

地方立法不得与上位法的明文规定相抵触，也就是在有上位法的情况下，地方立法作出的规定不得与中央立法相矛盾。不能以偏概全地认为只要与上位法的规定不一致就是抵触，应正确理解其内在含义：一是涉及权利义务的，地方立法不能随意减损或扩大上位法所规定的权利义务；二是不得改变上位法禁止的事项或允许的事项；三是上位法规定的处罚种类和罚款数额，下位法不得随意增设或删改，罚款数额也只能在上位法规定的幅度范围内作出细化规定。上位法的明文规定为下位法的内容指明了明确的方向和规范形式，特别是在涉及当事人权利义务内容方面，地方立法不得逾越中央立法划出的鸿沟。因此，地方立法不得与上位法的明文规定相抵触是检验地方立法与上位法是否抵触最直观、最具体的标准。

3. 地方立法不得与上位法的基本原则和基本精神相抵触

如前所述，直接抵触和间接抵触说认为下位法除了不得与上位法的明文规定相抵触外还不得与上位法的基本原则和基本精神相矛盾。之所以如此，是因为其认识到了成文法的局限性。法律作为一种具有较强稳定性的规范，不可能朝令夕改，而社会又是复杂多变的，法律修改的速度往往跟不上社会变化的速度。上位法的条文规定一般只反映立法当时的状况，而随着现实社会的瞬息万变，如果必须要求下位法与上位法的条文规定保持一致是极不现实的。但是，作为一部法律，其基本原则和基本精神往往在制定时就会体现出来，从总的方向来说基本原则和基本精神并不会随着社会的发展而与时代脱节，除了某些在特殊时期制定的具有当时时代特色的法律，需要进行及时必要的修改或废止以顺应时代发展外，其余的大多数法律并不会因此丧失实用性而被束之高阁。因此，上位法的基本原则和精神既能给地方立法机关在立法时划出明确的范围又能使得下位法在不抵触上位法的情况下保持时代性以顺应社会的发展。因而，上位法的基本原则和基本精神作为下位法应当遵循的本质要求，在下位法和上位法是否构成抵触的判断中，也发挥着不可或缺的关键作用。

二、坚持地方立法不抵触原则在实践中存在的问题

(一) 中央与地方立法权限划分不清

立法权限的划分对于一个国家来说显得极其重要，权限划分不当容易出

现中央过度集权或分权的状况。因此，中央和地方的立法权限划分一直以来都是学术界普遍关注的话题。

《立法法》对于第 11 条规定的只能由全国人大及其常委会制定法律的事项，只进行了相对笼统的规定，并没有作出细化解释。究竟哪些属于与国家主权有关的事项《立法法》并未作明确说明，外交、军事等这些极富国家主权色彩的事项是否在此规定之列？而民族区域自治制度和基层群众自治制度是否只能制定法律，各地方对此作出的实施细则等是否超越立法权限？"民事基本制度、基本经济制度"也令地方在立法时不能完全理解其中的含义，对于哪些属于民事基本制度，哪些属于基本经济制度也没有一个相对规范的表述。而最后一项"必须由全国人民代表大会及其常务委员会制定法律的其他事项"这种兜底条款更是扩大了全国人大及其常委会的立法权，这种模糊规定容易导致地方插足全国人大及其常委会的专属立法事项。相反，这种概括规定也会让地方认为凡是规定的事项都是全国人大及其常委会的专属立法范围，使得地方对此发挥不了应有的作用，极大地束缚了地方立法权。

根据《立法法》第 102 条的规定，部门规章与地方政府规章之间具有同等效力。也就是说部门规章与地方规章二者之间没有上下位法关系的区别，二者都是在各自的范围内施行。但是，在实践中由于中央部门具有更多的制约手段，地方政府出于对地方发展的考虑，在制定政府规章时往往会向部门规章靠拢，尽量不和其产生冲突，二者没有上下位法之名，却有上下位法之实。再加上部门规章都是针对各自领域作出的具体规定，本身又数量庞大，条款众多，细致入微。这些就导致地方立法相对受限，可发挥的作用少之又少。

综上所述，中央和地方立法权限划分不清主要体现在全国人大和地方，中央部门和地方的权限划分。立法权限划分不清，既令某些地方小心翼翼恐越雷池，又令某些地方超越权限肆意妄为，在"无为"和"有为"中艰难立法。因此，认真厘清中央与地方的立法权限，对于新时代发挥地方立法权的应有作用，具有重要意义。

(二)"不抵触"和"有特色"原则相矛盾

正如学者所说："突出地方特色，既是地方立法安身立命的根基，也是地方立法价值之所在。"[1]"有特色"并不是指调整对象的特殊性，而是地方立法机关在制定法规时对立法资源合理配置而形成的区域特点。主要体现在两个方面，从纵向来看体现在中央和地方之间，地方立法既要依据中央立法精神和规定制定，从而不与上位法发生抵触，也要在立法过程中根据本地的需要和实际体现出本地区的地方特色。《立法法》第80条规定，省级行政区根据本行政区域的具体情况和实际需要，在不与上位法相抵触的前提下，可以制定地方性法规，即是有特色原则在纵向关系中的法律体现。从横向关系来看体现在各地区之间，各地有各地的风俗习惯、风土人情，各地方"有特色"的体现之一主要是在制定地方性法规时要因地制宜，符合地方发展规律。之所以要强调"有特色"，就在于法律并不是面面俱到的，一部全国性的法律去规定各地的具体事务，而每个地方的情况又不尽相同，这样是不现实的。因此，各地根据本地区的实际情况在不抵触的前提下让地方立法具有地方特色，这是最为理想的地方立法状态。

府澴河作为湖北省第三大水系，流经了孝感市孝南区、安陆、孝昌等6个县市区，所流经地区是孝感市重要的经济发展地区。但是，近年来由于不合理开发，违规排污再加上缺乏监管，府澴河流域生态环境破坏严重，各种问题凸显，形势日益严峻。因此，为了促进生态文明建设，保持经济的高质量发展，孝感市在2021年3月1日正式实施了《孝感市府澴河流域保护条例》。该条例的出台，将保护府澴河的任务上升到了法律层面，并且针对府澴河实际情况，主要有以下几个特色部分：第一，开展协同保护。由于府澴河流经多个区域，各区域之间必须加强沟通交流，共同保护好流域内生态。因此，条例第9条就规定了"市、县（市、区）人民政府应当加强与毗邻的有关地方人民政府的沟通协调，采取签订合作协议，开展府澴河流域保护工作的跨行政区域合作"。第二，管控排污总量。因为府澴河属于季节性河流，全年水量波动不稳定，纳污能力难以实际把握。为此，条例第15条规定"府澴河流域重点水污染物排放实行总量控制"，对排污总量提出要求。第三，保障生态流量。根据流域内上下游用水取水等需求，调节水资源季节分配不均，条例第26条规定"市人民政府应当组织水利和湖泊、生态环境、自然资源和

---

[1] 谢勇：《概念的成长：破解地方立法"不抵触""有特色"的困境理论》，载《求索》2017年第12期。

规划等主管部门，依法制定府澴河流域年度水量分配方案，并向社会公布"。该条例应该可以说是孝感地方立法的典范，在不抵触的情况下又结合本地的实际情况，突出本地特色，兼顾了"不抵触"和"有特色"原则。

"不抵触"和"有特色"的矛盾冲突，在于立法者很难在二者之间找到一个平衡点，往往都是顾此失彼。一些地方性法规为了不与上位法发生冲突，直接照搬上位法的规定，丝毫没有创新，显得千篇一律。作为 XX 市首部实体性地方性法规的《XX 市城乡规划条例》是设区的市地方立法进程的重要一步，该条例全文共 65 条，分为 8 章。经大致统计，有 15 条条款和作为其上位法的《XX 省城乡规划条例》重复，重复率超过了 23%，相对来说，重复率较高。这样的重复立法不仅没有体现出地方特色，让某些条文形同虚设，也浪费了立法资源，不足以发挥地方立法的管理规范功能。所以，处理好"不抵触"和"有特色"二者之间的关系对于地方立法质量的提升有着重要作用。

（三）缺乏立法评估制度

立法评估是立法程序的重要环节之一，相对完善的立法评估程序有利于保证法律法规的科学性。尤其是对于设区的市来说，《立法法》赋予了立法权让其立法具有法律上的合法性，但是由于此前并没有立法经验，使之很难有能力保证所立之法符合上位法的规定。因此 2015 年《立法法》的修改，在赋予设区的市地方立法权的同时还首次规定了立法前评估制度，目的就是让地方充分利用评估充分审视法规的合法性，可谓是用心良苦。但是在实践中，立法评估还存在着诸多问题。

对于所有设区的市来说，大多缺乏立法评估机制。一项法律法规的出台，大致应包括规划、立项、起草、审议、表决和公布等环节，无论从事前的规划、起草准备还是事中的审议，甚至是事后的备案审查等，由于缺乏一个统一有效的立法评估制度，使得该项法案的质量难以得到保证，立法冲突、重复立法等现象时有发生，究竟是否有上位法的依据，是否超越了立法权限，立法部门对此并未真正了解。

公众参与立法评估制度的不完善。公众参与立法评估实践，能最大限度发挥公民的监督作用，促使相关法律法规更加完善合理。但是，由于相应的体制机制缺位，使得公民参与评估的积极性和效果并不明显。首先，信息公开制度不全面。对需要进行评估听证的法规，有关部门应当尽可能详细、全面地向公众告知，但是实践中有些部门并不公告信息或者公告了也不具体全面，使得公民未能了解到有关立法情况，也就无法参与并发表意见。其次，缺乏反馈。公民有效参与是一方面，得到反馈又是另一方面。公民参与了但却未得到有关部门的回复，会让公民认为国家机关对其参与立法的行为不重视，会极大挫伤公民的积极性。最后，观念的转变。大多数公民缺乏相关认识，对立法评估不是太了解，认为制定法律是国家的事，和自己没有关系，从而对参与立法评估的积极性不强。

（四）地方立法监督制度不完善

（1）《立法法》赋予了所有设区的市地方立法权，并且规定其须报省级人大常委会批准。立法主体的激增导致立法数量的大幅增加，由于我国并没有地方立法的专门监督机构，因而省级人大常委会是否能有效地对下级行使监督权，也存在疑问。首先，大量的地方性法规的出现使得省级人大常委会面临的审批任务空前巨大，不仅需要增设更多的内部机构，对工作人员的能力、素质也提出了更高的要求。其次，省级人大常委会本身就还具有立法、选举等其他职能，职能的复杂性和多样性导致其很难专注于立法监督，势必也会影响法律监督的质量。

（2）法律并没有明确规定批准机关应当如何审查以及审查后的处理方式。我国立法监督的方式主要有批准、备案审查、改变或撤销。《立法法》规定，上报的地方性法规，批准机关应对其合法性进行审查。然而，却没有明确合法性的内涵，各地对于合法性的审查也没有统一的标准。由此带来的结果就是类似的法规出现不同的审查结果，有的被批准，有的被认为和上位法发生抵触而不具有合法性。对于不具合法性的法规的处理结果，法律也没有明确规定，这就导致批准机关对于"抵触"的法规有不同的处理。没有规定审查程序，也让一些批准机关对审查只"走过场"，有的甚至不审查，批准机关的把控不严也是导致地方立法与上位法相抵触的原因之一。

（3）《立法法》对备案审查的提出主体也作出了三类规定：一是国务院、中央军委、"两高"、省级人大常委会可以提出审查要求；二是其他国家机关和社会团体、企业事业组织以及公民可以提出审查建议；三是备案机关的主动审查。但是在实践中，立法机关很少进行主动审查，而可以提出审查要求的国家机关往往出于利益考虑以及繁忙的事务也极少提出审查要求，对于公民的审查建议，由于公民缺少相关的认识，加之其表述不够准确，也难以得到回复。再加上立法主体的增加，立法数量的剧增，更是加剧了备案审查的难度，使得人大备案审查机构没有足够的精力去审查，"备而不审"的问题相对突出。

三、对地方立法贯彻不抵触原则的建议

（一）厘清中央和地方立法权限

第一，明确全国人大及其常委会的立法事项。对于《立法法》列举的全国人大及其常委会的专属立法事项，不宜扩大解释，过度扩大解释将有损地方立法权。第 11 条第 1 项规定的国家主权事项，如外交、军事等不应一概列入全国人大立法范围，并非所有的外交、军事都体现国家主权，只有与国家主权直接相关的事务，才宜被列入全国人大立法范围。实际上，国防部、外交部在其专属领域也制定了许多与军事、外交相关的具体规范，国务院对此也有相应的行政法规加以规定，地方也有相关的具体规定（如《湖南省民兵预备役工作条例》《山东省军事设施保护条例》等）。因此，只要这些不属于国家主权事项，就并非法律的专属范围。再如，第 8 项、第 9 项的"基本制度"，首先应明确基本制度的含义、内容，其对地方性法规的限制应是保证基本制度内容规范的稳定性，防止地方法规修改其内容，如果地方立法是关于实施该制度的细则，那么就不被认为超出其立法权限，也就具有不抵触性。对于兜底条款，也不能以偏概全地主张都属于中央立法范围，要结合地方立法实际和中央立法精神，适当地授予地方一些立法权，拓宽地方立法空间，让地方结合本地情况作出规定也许更加可行。

第二，明确地方立法权限。相较于中央立法，地方立法显得相对脆弱，只有明确地方立法权限并以法律的形式加以保留，才能更好地避免中央立法主体随意侵占地方立法空间。2015 年《立法法》进行了首次修正，赋予了设区的市在"城乡建设与管理、历史文化保护和环境保护"方面的立法权，使立法主体迅速扩容。2023 年《立法法》第二次修正，地方立法权限被进一步拓展至"城乡建设与管理、生态文明建设、历史文化保护、基层治理"等方面。对于这"三类事项"以及"四类事项"的内涵及外延，《立法法》则没有明确说明，只是在有关政府文件上有所提及。结合中央立法精神来看，这

四类事项的范围都应该可以作广义解释，城乡建设与管理应该包括但不限于城市规划、应急管理、市政管理。对生态文明建设和历史文化的保护，地方立法也不应仅局限于字面含义。而对于基层治理，亟需明确其治理主体和治理范围。因此，国家应当尽快明确具体的地方立法权限，明晰各项事务的范围及法律外延。

总之，划分中央和地方立法权限，就要更加具体、明确地规定各自的立法权限范围，不要过分集权也不要过度分权。根据当前的社会发展状况和法律规定，作出更加合理的权限分配，优化立法权配置，对于地方立法贯彻不抵触原则至关重要。

（二）协调"不抵触"和"有特色"二者间的关系

作为一部合格的地方性法规都应具有的特征，"不抵触"和"有特色"并不总是相互对立的，二者也是可以达到平衡的。如何在实践中协调好"不抵触"和"有特色"二者之间的关系，是促进地方立法走向完善的关键步骤。在此，我们有以下三点建议：

首先，提高立法者对"不抵触""有特色"的概念认知，明确二者的内涵。前文已述，"不抵触"就是地方立法机关在制定地方性法规时，既不得与上位法的明文条款相抵触，也不得与其基本原则及基本精神相矛盾，"有特色"就是制定出来的法律文本要具有本地方特色，而不是照抄上位法的规定。

其次，明确"特色"的范围。《立法法》第81条明确了设区的市的立法范围，即是"四类事项"，但是对此四类事项的具体内涵仍存在许多争论的声音。对此，我国应该作出更加细致的规定，明确其法律内涵和外延，进一步说明地方立法在哪些方面可以进行创新。对于"四类事项"后面的"等"字，究竟是"等外等"还是"等内等"也应明确。对此，在我们看来应作"等内等"理解，《立法法》如此规定就是在下放权力的同时也作了一定限制，给地方一定立法空间但也不过度扩大地方立法范围。如果作"等外等"理解，那么地方立法的立法事项就会很广，作此规定就失去了其应有的意义。因此，要认真加以研究，协调好二者的关系，促使有关概念内涵的逐步完善，对地方立法实践也将更具指导性。

最后，要突出"特色"，符合本地发展需要。本地方有不同的特色就要善于挖掘，善于运用法律的形式将特色凸显出来。以湖北省孝感市为例，孝感作为有名的孝文化之乡，其总体规划建设目标之一是"建设中国孝文化名城"，[1]并着重发展文化旅游等特色产业。因而，其立法重心也应适当地转移到此方面来，突出本地特色。但是，从目前孝感市出台的 11 部法规来看，侧重于"城乡建设与管理、生态文明建设"两方面，对"历史文化保护、基层治理"没有涉及，对与孝感特色的"孝文化"相关的保护、开发、管理事项也未引起充分关注。对此，孝感地方立法应多多关注"特色"领域，在不和上位法相抵触的情况下，善于突出特色，顺应经济发展的实际需求。

（三）建立立法评估制度

地方立法机关应从立法规划、立项、起草、评估、实施等环节入手，建立起有效的立法评估机制，让立法评估贯穿整个立法过程。评估过程中，对于质量不过关和上位法相抵触的法案应当及时作出处理。也要积极引导公民参与立法评估，建立统一的立法信息公开渠道，征求公众意见，明确说明评估时间，通过座谈会、听证等方式进一步拓宽公众参与评估的方式。对公民的意见要及时作出反馈与回应，这样不仅可以起到监督作用，规范立法行为，还可以提升公民参与立法的积极性与主动性。转变民众观念，普及相关知识。立法机关要好好地宣传普及法治理念，让公民形成良好的法治习惯和法治思想，自觉扮演好在立法活动中的重要作用。还要吸收专家学者参与立法评估活动，专家学者凭借其专业性知识，能敏锐地识别出法规中不合理甚至不合法的条文，有效地减少下位法抵触现象的发生。

因此，建立起完善的立法评估制度，加强公民参与立法评估的积极性，积极引入专家学者参与评估，把立法过程的每一项都纳入评估范围，能有效地减少地方立法和中央立法相抵触现象的发生，让地方立法朝着更加合法合理的方向发展。

（四）完善地方立法监督制度

在我国，下位法和上位法相抵触的重要原因之一就是立法监督制度不完善。为了使地方立法和中央立法能够融洽并存，发挥各自的应有作用，就必须要完善地方立法监督制度。对此，可以从如下几个方面来作出合理的安排。

（1）加强对立法监督程序提起的有效性。一要提高监督机关主动审查能

---

〔1〕　参见《孝感市城市总体规划（2013 年~2030 年）》。

力，监督机关是最有能力对地方性法规进行审查的，要提高其积极审查能力，化被动为主动；二是要促进相关国家机关提出审查要求，实践中由于国家机关往往与审查的法案没有直接关系而怠于提出审查要求，因此要提高国家机关的积极性，令其承担起应有的监督作用；三是吸收公众参与立法监督，发挥公众对立法监督的独特作用，立法监督机关应充分听取公众意见，广开言路，并及时对公众的意见作出反馈，切勿使公民的监督权流于形式。

（2）完善立法监督程序。《立法法》对监督审查时的程序未作规定，特别是对于审查的时间，以及审查后的处理结果，法律应该作出明确规定，对于公民等提出的审查建议，不被接受之后的相关救济途径也应当一概说明。

（3）建立立法监督责任机制。一方面，要明确监督主体的责任。如果在实践中因为立法行为等对公民或其他社会主体造成损害的，立法监督机关应当积极承担责任，法律应明确规定担责形式、内容等；另一方面，要有责必究，建立追责程序。实践中经常会出现"立而不备，备而不审"的情况，追究监督主体的责任，建立追责程序，有利于督促应作为而不作为的监督主体履行监督职责，真正发挥对地方立法的监督作用。

结　语

2015 年《立法法》的修正，使得所有设区的市拥有了地方立法权，地方立法也因此走向了一个全新的时代。2023 年《立法法》再次修正，进一步拓展了地方立法权限。在全面推进依法治国的时代大背景下，立法权的下放有助于弥补中央立法的不足，发挥地方立法权在社会治理中的重要作用，从而推动社会主义法治社会向前发展。但是，我们在看到机遇的同时也应想到必然的挑战。即下位法和上位法的抵触问题，通过前文论述在实践中主要存在中央与地方立法权限划分不清、"不抵触"和"有特色"原则相矛盾、缺乏立法评估制度、地方立法监督制度不完善等情况。虽然存在众多问题，但是我们有理由相信，随着地方立法理论不断丰富完善，中国法治建设不断向前推进，必将能充分地实现地方立法和中央立法的和谐共荣。正如耶林所说，"法的诞生和人的诞生一样，一般都伴随着激烈的阵痛"。新事物的出现必定需要时间的磨炼，痛定思痛下方能知道前行的方向。

第二节　人大主导立法体制研究

人大主导立法应当发挥"有立法权的人大"自身的主导作用：一是完善人大主导立法需要，统筹考虑各方面主体之间的关系，既包括人大与外部主体的关系的处理，也包括人大内部关系的处理；二是人大主导立法在立法各个程序（包括立法程序的全过程）中都应当发挥主导作用。应在立法规划、立法起草、立法论证和立法评估四个阶段充分发挥人大及其常委会的主导作用，从根本上实现立法权的回归。

一、"人大主导立法"的内涵解读

（一）人大主导立法的内涵

党的十八届四中全会提出，"健全有立法权的人大主导立法工作的体制机制，发挥人大及其常委会在立法工作中的主导作用"。2015 年修正的《立法法》将"人大主导立法"从执政党政治主张上升为国家法律，并将其规范为新时期国家立法工作的基本要求。《立法法》规定，全国人民代表大会及其常务委员会加强对立法工作的组织协调，发挥在立法工作中的主导作用。显然，实现有立法权的人大对立法工作的主导已经成为当前立法工作的关键要点。

"人大主导立法"一词并不是一个严格的法律专业术语，缺乏与之相配套的明确具体的制度规范，实践当中，很难界定和表达人大在立法过程中的具体职责与功能。因此，有必要澄清和界定"人大主导立法"的内涵概念。"人大主导立法"中的"主导"一词，一般被解释为"主要的并且引导事物向某方面发展、起主导作用的事物"。[1]在汉语当中，"主导"一词赋予特定主体在诸多主体当中最重要、最基本和负主要责任的地位与要求。显然"人大主导立法"并不意味着人大是唯一立法主体，也不要求人大对于立法事务事必躬亲，亲自操刀立法提案、法案起草、审议、表决、修改和解释等全部立法事项，而主要是在制定立法规划、法案内容、审议结果等立法过程中享有最重要、最基本的立法职权以及立法决策的主要"话语权"与最终决定权。人

---

〔1〕　中国社会科学院语言研究所词典编辑室编：《现代汉语词典》，商务印书馆 2000 年版，第 1641 页。

大主导立法的实质意味着只要满足民主的正当性，即便有其他法定公权力机关的反对，仍能自行立法。

也就是说，尽管政府部门起草了大量的法律法规草案，但是草案能否进入审议程序要经过人大代表的甄别。[1]对于政府立法和各种司法解释，人大能够进行高效权威的审查监督，能够自行撤销与宪法法律相抵触的法规规章等规范性文件或者直接宣布其无效，从而实现有立法权的人大在同级立法体系中的主导地位与作用。

（二）人大主导立法的规范表达及具体要求

《立法法》第54条明确规定了"人大主导立法"原则，即"全国人民代表大会及其常务委员会加强对立法工作的组织协调，发挥在立法工作中的主导作用"。从《立法法》的整体架构与具体内容来看，"人大主导"贯穿立法程序全过程。

就我国而言，人大主导立法体制主要包括以下几个方面：一是立法决策权归全国人大，全国人大具有最高的立法决策权。这意味着所有法律的制定、修改和废除都必须经过全国人大的审议和表决。全国人大在立法决策过程中占据主导地位，确保立法活动的合法性、公正性和权威性。二是立法程序规范。立法程序包括制定、修改和废除法律的一系列阶段和过程。各级人大制定了详细的立法程序规则，以确保立法活动的有序性和合法性。这些规范贯穿立法案的提出、审议、表决、公布等各个环节，提高了立法工作的透明度。三是立法监督与评估。人大不仅要制定法律，还要监督和评估法律的执行情况，确保法律被有效执行。人大通过听取和审查政府工作报告，进行执法检查，评估立法效果，根据评估结果调整和改进立法工作。四是立法与民意沟通。人大主导立法体制注重立法与民意的沟通。人大在立法过程中广泛听取社会各界的意见和建议，通过公开征集意见、立法听证会、座谈会等方式，加强与民众的互动和交流。这有助于增强立法的民意基础和合法性，提高法律的接受度和执行力。五是立法质量与效率。人大主导立法体制强调立法质量和效率的重要性。人大通过完善立法工作机制、加强立法队伍建设、优化立法程序等措施，提高立法工作的专业性和效率。

---

〔1〕 封丽霞：《人大主导立法之辨析》，载《中共中央党校学报》2017年第5期；秦前红：《人大主导立法不能过于理想化》，载《人大研究》2017年第2期。

人大主导立法是一个全面、系统的概念，涵盖了立法决策权归属、立法程序规范、立法监督与评估、立法与民意沟通、立法质量与效率等多个方面。这一体制确保了我国立法工作的合法性、公正性和权威性，为国家的治理和社会发展提供了坚实的法治保障。

二、人大主导立法的理论基础

（一）人大主导立法是人民主权原则的自然延伸

立法权是以人民名义行使的最重要的国家权力。卢梭认为"立法是对人民意志的记录，是人民自己为自己作出的规定"。[1]洛克说"没有得到公众所选举和委派的立法机关的批准，任何人的任何命令都不能具有法律效力和强制性"。[2]孟德斯鸠强调"民主政治有一条基本规律，即只有人民可以制定法律"。[3]康德从人性的角度论证立法权就是人民的权力，"立法权从它的理性原则来看，只能属于人民的联合意志"。[4]

古典自然法学家的观点和论述都向我们揭示了一个道理：人民是最高主权者。在现代社会，人民主权实际上不过就是议会主权。人民意志很大程度上只能由人民选举产生的代议机关来代表和表达。人民行使国家权力的过程很大程度上就是通过议会行使立法权、实现人民意志的过程。这就决定了，不管什么国家立法，实质上或名义上都要依靠人民代议机关这个政治主体来获得自身的正当性与公共性来源，都要以不同形式坚持人民主权原则、以人民为中心、以人民代议机关为主导。在我国法治实践当中，人民是依法治国的主体和力量源泉。这种人民的主体地位和力量主要通过人大对立法过程的主导来实现。

（二）人大主导立法是科学立法与民主立法的必然要求

在人民代表大会制度中，各级人民代表大会代表国家权力，行使国家权力，受人民监督，对人民负责，人大在立法中发挥主导作用，每一项立法都体现出人民的主体地位。发挥人大对立法的主导作用是实现人民当家作主的

---

〔1〕〔法〕卢梭：《社会契约论》，何兆武译，商务印书馆1997年版，第75页。
〔2〕〔英〕洛克：《政府论》（下篇），叶启芳、瞿菊农译，商务印书馆2003年版，第82页。
〔3〕〔法〕孟德斯鸠：《论法的精神》（上），张雁深译，商务印书馆1997年版，第12页。
〔4〕〔德〕康德：《法的形而上学原理——权利的科学》，沈叔平译，商务印书馆1991年版，第140页。

根本要求。宪法赋予人大立法、监督、重大事项决定和人事任免等权力，其中立法权是人大的一项重要职权。通过立法活动，倾听和反映人民的意愿，把人民意志转化成国家意志，我们必须注重发挥人大主导立法的作用，确保各项立法充分反映和尊重人民的主导地位，确保人民当家作主，从根本上维护人民利益。

人大发挥主导作用也是其法定职责的体现。人大在立法工作中，要通过各种程序及方式，协调立法工作，确保立法顺利进行，维护国家的整体利益及人民的幸福安康。实践中，政府部门有权提出法律、法规案并起草相应的草案。人大不应该包办立法工作或者独揽立法起草工作。在立法起草过程中，人大应该发挥其主导作用，通过组织协调等方式确保立法起草的科学性、合理性和公正性。

人大主导立法体制能够有效地保证法律质量。在我国，人大作为立法机构，具有深厚的专业积累以及丰富的立法经验，在立法过程中，能够保证立法工作的专业性、科学性、权威性和前瞻性。人大在立法工作中，听取人民群众意见，开展深入调查，这样才能保证法律质量的可靠性、真实性、更加科学合理性，具有法律的可操作性。其次，人大主导立法对推进民主法治有重要作用，这体现了立法工作更应该公开透明，体现人民群众对立法工作的的监督。

人大主导立法体制能够提高立法效率。人大作为最高立法机关具有最高的权威性和决策效率，能够对立法工作进行审议并作出决策。同时，人大在立法过程中，应当遵守相关法律的程序，能够减少不必要的环节，提高立法工作的效率和质量。人大主导立法可以更好地保障人民权益，人大通过制定和完善相关法律，确保人民的各项权益得到充分保障和实现。人大还能够对侵犯人民权益的行为进行监督和纠正，维护人民群众的合法权益，促进社会公平正义的实现。

人大主导立法是科学立法与民主立法的必然要求。亚里士多德在《政治学》一书中曾经提到："法治应包含两重意义：已成立的法律获得普遍的服从，而大家所服从的法律又应该本身是制订得良好的法律。"法律的创立需要两个条件：一是公民对法律的普遍服从，二是良好的法律。这两者之间存在一种逻辑关系。制定良法是法治的首要环节，公民普遍服从的是已经制定出的"良好的法律"。如何制定良法是法治国家所要解决的首要问题。法案内容是否体现民意，是否回应社会关切与立法质量的高低密切相关。换言之，民主立法、科学立法是制定良法所应当遵循的立法原则。科学立法的基础是尊重和体现客观规律，使我国的法律制度能够适应社会政治环境的变化和人民群众对法律体系需求的发展。[1]

坚持人大主导立法，无论是在微观上还是在宏观上，都会改善我国的法律体系。这是实施科学立法的必然要求，遵从人大主导立法也有助于加强立法民主。人大主导立法作为意见表达机构，可以最大限度地保护公众舆论，确保法律由人民制定，加强立法的民主基础。因此，人大主导立法也是民主立法的现实需要。[2]

人大主导立法体制在体现人民主权原则、保障法律质量、促进民主法治进程、防止权力滥用、提高立法效率、强化法制统一、适应社会变革需求以及保障人民权益等方面具有必要性。通过加强和完善人大主导立法体制，能够更好地实现法治建设目标，推动国家治理体系和治理能力现代化进程。

三、人大主导立法需要处理好的外部、内部关系

（一）人大主导立法的外部关系

1. 人大主导立法与党领导立法的关系

党的十八届四中全会《中共中央关于全面推进依法治国若干重大问题的决定》提出，加强党对立法工作的领导，完善党对立法工作中重大问题决策的程序。凡立法涉及重大体制和重大政策调整的，必须报党中央讨论决定。党中央向全国人大提出宪法修改建议，依照宪法规定的程序进行宪法修改。法律制定和修改的重大问题由全国人大常委会党组向党中央报告。《决定》将党的领导与社会主义法治的关系讲得既具体明了又辩证统一，明确了党领导立法与人大主导立法的各自定位。党的领导和社会主义法治是一致的，社会主义法治必须坚持党的领导，党的领导必须依靠社会主义法治。

要将党的领导落实到制度和机制上，切实防止党直接干预立法。具体而

---

[1] 姚金艳、吕普生：《人大主导型立法体制：我国立法模式的转型方向及其构建路径》，载《中共福建省委党校学报》2015年第2期。

[2] 高馨玉：《我国人大主导立法的机制研究——以设区的市为例》，山东师范大学2019年硕士学位论文。

言，一是改善党对立法工作的领导方式。党的领导首先是政治领导，是制定大政方针，把握政治方向，确立指导思想、立法理念以及基本原则，审批立法规划，适时提出重大立法建议项目，对立法涉及的重大、疑难问题作出决策、决定。健全有立法权的人大主导立法工作的体制机制，尊重、信任和维护立法机关的法定程序和立法权威。科学合理划分党内立法与国家立法的界限，不以党的政策代替国家立法。[1]质言之，党领导立法主要应着眼于顶层设计和重大疑难及宏观问题，不宜直接介入立法过程，影响立法程序。二是善于将党的主张转变为国家意志。要正确区分党的决策政策与国家立法，并恰当处理它们之间的关系。

彭真同志曾经说过，在我国，法律就是实践证明是正确的并且需要长期执行的党的方针政策的定型化、条文化，是党领导制定的，又是经过全国人大或其常委会按照法定程序通过的。因此，宪法和法律都是党的正确主张和人民共同意志的统一。[2]党领导立法就是要为立法提供政治保障、思想保障和组织保障，与人大主导立法并行不悖，并不矛盾，更不对立，但要正确处理好两者之间的关系。

2. 人大主导立法与政府参与立法的关系

政府参与立法，是指作为行政机关的政府及其部门，充当立法主体参与到立法机关的立法过程当中，并对立法结果产生影响的行为。[3]根据《宪法》《立法法》的相关规定，有权提出法律、法规草案的主体包括人大各专门委员会、人大常委会、法院、检察院、代表团或一定数量的代表，即法案起草主体是多元化的。但在现实中，政府也是立法的重要主体，政府及其部门起草的法律、法规仍然占绝大多数。以立法起草为例，地方人大及其常委会立法中约80%的法律或法规草案都是由政府及其部门提出，有些甚至占90%以上，过去几十年，提出申请的基本都是政府部门，几乎垄断了立法的立项权。[4]

人大主导型立法体制的内涵就是在我国立法过程中，应由人大把握立法方

---

〔1〕 廖健、宋汝冰：《加强党对立法工作领导的路径分析》，载《红旗文稿》2015年第5期。

〔2〕 张媛：《屹立于新中国民主法制史上的丰碑：杨景宇胡康生张春生谈彭真及其民主法制思想（中）》，载《法制日报》2013年11月5日。

〔3〕 黄兰松、汪全胜：《规范政府参与立法的边界》，载《湖北社会科学》2017年第8期。

〔4〕 陈公雨：《地方立法十三讲》，中国法制出版社2015年版，第46页。

向，决定并引导立法项目、立法节奏、立法进程和立法内容、原则与基本价值取向。要使人大在立法中发挥主导作用，就应当杜绝一切形式的立法官僚化和部门化倾向。详定政府立法参与的边界，尤其是规范其在立法规划、立法计划和法案起草方面的权利行使，对于人大主导型立法体制的完善具有重要意义。

（二）人大主导立法的内部关系

在我国，人大系统是按照行政区划分级设立的，但它们之间又不存在领导关系，同时，有立法权的同级人大又有人大和人大常委会之分，人大内部又设立有各专门委员会、人大常委会法制工作委员会。因而，在有立法权的人大系统内部如何理解和坚持"人大主导立法"，也是一个比较棘手且不容回避的问题。我们必须从人大系统内部分析人大立法主导问题：全国人大与地方有立法权的人大之间谁主导立法？同级人大的人民代表大会及其常委会该由谁来主导立法？人大各专门委员会能否主导立法？

1. 全国人大与地方人大的关系

全国人大以"法律"统师地方人大立法。人大系统包括全国人大、省级人大、设区的市（自治州）级人大、县级人大、乡级人大共五级。这是按照我国行政区划的层次设立，但是对于"人大主导立法"问题，却不能比照行政机关之间的上下级关系来理解和解释，全国人大与地方各级人大之间并不具有领导关系。[1]每一级人大都由本行政区域内的人民直接或间接选举代表组成，根据我国宪法和法律规定，人大由选民选举产生，对选民负责，受选民监督，地方人大没有义务对它的"上级"人大负责，也不向它报告工作。

当然，地方人大也不可以"任性"立法。我国是单一制国家，它的基本原则是中央统辖全国，地方服从中央。《宪法》规定"遵循在中央的统一领导下，充分发挥地方的主动性、积极性的原则"，在立法领域表现为"一元两级多层次"的立法体制。一切法律、行政法规和地方性法规都不得同宪法相抵触。全国人大常委会有权撤销省级人大及其常委会制定的同宪法、法律和行政法规相抵触的地方性法规和决议。这就充分说明了在国家立法上全国人大的主导地位。

对于地方省、市两级人大的立法地位，《立法法》通过"批准"制度确立和维护省级人大相对于地市级人大的优势地位。立法法明确规定，地方性法

---

〔1〕　李克杰：《"人大主导立法"原则下的立法体制机制重塑》，载《北方法学》2017年第1期。

规需要经过批准才能生效，即设区的市、自治州的人大及其常委会制定的地方性法规，须报省、自治区的人大常委会批准后施行。自治区的自治条例和单行条例，报全国人大常委会批准后生效。自治州、自治县制定的自治条例和单行条例，报省、自治区人大常委会批准后生效。质言之，人大没有上下，但法律却有等级。因而，全国人大立法与地方人大立法之间也就有了主导与被主导之分。

2. 人大与人大常委会的关系

享有立法权的人大包括全国人大及其常委会，省、自治区、直辖市人大及其常委会和设区的市、自治州的人大及其常委会。那么，在"人大主导立法"体制下，人民代表大会与其常委会是什么关系？两者的立法彼此有没有主导与被主导之分？在人民代表大会制度内部，应是人大主导立法，还是常委会主导立法？

我国《宪法》规定，人大是人民行使国家权力的机关，人大常委会是同级人大的常设机关。[1]在人大开会期间由人大立法，在人大闭会期间由常委会独立立法。全国人大有修改宪法、制定基本法律的立法权力，而全国人大常委会只有解释宪法、法律、制定基本法律以外的其他法律和在全国人大闭会期间部分修改补充基本法律的权力，同时全国人大拥有改变或者撤销全国人大常委会不适当决定的权力。[2]由此可见，全国人大及其常委会的法律地位、权力是有差别的。《立法法》第86条明确规定，规定本行政区域特别重大事项的地方性法规，应当由人民代表大会通过。说明了地方人大与其常委会的立法权限也有明显的差别。

在国家立法权层面，我国《宪法》《立法法》虽然对全国人大及其常委会的立法权限进行了较为明确的划分，但由于又同时规定了全国人大和全国人大常委会共同行使国家立法权，笼统划定了"法律保留"范围，使得"基本法律"与非基本法律缺乏明确而规范的标准。从而导致全国人大和全国人大常委会立法界限模糊，出现大量"高法低定"或"低法高定"。[3]地方立法中的情况更为严重，有学者统计了全国31个省级地方人大及其常委会的地

---

〔1〕 参见《宪法》第2条。
〔2〕 参见《宪法》第62条、第67条。
〔3〕 李克杰：《中国"基本法律"概念的流变及其规范化》，载《甘肃政法学院学报》2014年第3期。

方立法状况，结果显示，省级人大及其常委会立法活跃，数量可观。然而，这些地方性法规99%以上都是由省级人大常委会制定通过的，由省级人大制定通过的屈指可数。[1]这表明，地方立法权几乎已经成为地方人大常委会的专属职权。因此，必须摆正人大及其常委会在"主导立法"中的地位和作用，"人大主导立法"应当而且必须是人大主导，而不是人大常委会主导。

3. 人大与其专门委员会关系

人大专门委员会和人大常委会工作机构在人大主导立法体制中处于何种地位？作用如何？关于专门委员会，要实现人大主导立法，首先就要实现对法律案起草的主导。在"人大"的诸多可能所指中，选择专门委员会作为主导法律案起草的主体有其可能性和必然性。我国《全国人民代表大会组织法》第37条规定，专门委员会向全国人大及其常委会提出的议案应当"同本委员会有关"，因此由其所起草并提出的法律案自然也应当符合这一要求。各专门委员会与国务院有关部门在职责事项上存在着高度重合之处。强调由专门委员会起草重要法律草案，事实上也是考虑到其他国家机关难以单独起草重要法律草案。

根据我国《宪法》和《立法法》的规定，专门委员会的立法职能除了法律案的起草和提出之外，还包括法律案的审议。在审议阶段，专门委员会内部出现了分化，即宪法和法律委员会与其他专门委员会存在功能差别。根据我国《立法法》第22条和第23条的规定，宪法和法律委员会所进行的是统一审议，而其他专门委员会所进行的是普通审议。宪法和法律委员会能够自主决定采纳哪些其他专门委员会的审议意见，这就意味着在法律案的审议阶段，宪法和法律委员会与其他专门委员会的法律地位是有所差别的。实践中，专门委员会的组成人员大部分是从对口的国务院部门转岗而来，两者具有千丝万缕的利益联系。[2]于专门委员会而言，在法律案的起草和提案阶段发挥主导作用，在审议阶段则更多地依赖宪法和法律委员会而非其他专门委员会。将"专门委员会主导立法"直接等同于"人大主导立法"忽视了专门委员会并不能完全代表人大，两者之间存在一定冲突的事实。

---

〔1〕　庞凌：《论地方人大与其常委会立法权限的合理划分》，载《法学》2014年第9期。
〔2〕　刘松山：《人大主导立法的几个重要问题》，载《政治与法律》2018年第2期。

4. 人大与人大常委会工作机构的关系

法制工作委员会属于全国人大常委会的"工作机构"，蔡定剑先生认为，工作机构可以是一种半职能性机构，它可以行使一定的法律职权，但不可以以独立名义发布执行性的文件、指示、命令，它是为职能机构提供服务的。所以，它本质上又是一种服务机构。[1]法工委本质上是全国人大常委会的服务机构，虽然相对于纯粹提供事务性服务的办公厅而言，法工委可以行使一定的职能，但是这些职能的行使终归不能超出"服务"的范畴，特别是不能反客为主，使得法工委享有事实上的立法主体地位。

在规范层面，法工委负有受委员长会议委托拟定有关法律方面的议案草案，为全国人大及其常委会审议法律草案服务，研究答复有关法律问题的询问，研究处理并答复人大代表有关建议、批评和意见以及政协有关提案，进行与人大工作有关的法学理论研究，开展法制宣传，汇编、译审法律文献等职责。有学者认为，法工委的作用场域包括立法规划场域、法案起草场域、草案审议场域和立法适用解释场域。[2]作为隐性立法者的法工委通过在以上四个场域中所发挥的关键性作用，被认为事实上发挥了"小常委会"的功能。

2015年我国《立法法》修正后，法工委原先在实践中所承担的诸多"职能"转变为法定"职权"，并得到进一步的扩张。扩权主要体现在以下7个方面：编制立法规划、拟订年度立法计划；提前参与有关方面法律草案的起草工作，组织起草涉及综合性、全局性、基础性等事项的重要法律草案；对列入常委会会议议程的法律案，通过多种形式听取各方面意见；组织法律案通过前评估；组织立法后评估；实质性参与备案审查工作；对审查建议进行反馈。其中一项职能非常重要，法工委编制立法规划能够加强人大对立法工作的统筹安排，进而完善人大主导立法的体制机制。立法规划的编制在立法准备阶段对于拟制定的法律是否属于基本法律的判断产生了极大的影响，并且拟制定的法律是否属于基本法律是界分全国人大和全国人大常委会立法权限的重要标准。法工委在组织法上的设立依据是《全国人民代表大会组织法》第28条，其宪法地位尚不及专门委员会（设立依据是我国《宪法》第70

---

〔1〕 蔡定剑：《中国人民代表大会制度》，法律出版社2003年版，第476页。
〔2〕 卢群星：《隐性立法者：中国立法工作者的作用及其正当性难题》，载《浙江大学学报（人文社会科学版）》2013年第2期。

条），更遑论全国人大及其常委会。[1]

四、当前我国人大主导立法体制存在的问题

（一）人大与其他立法主体之间定位不够清晰

1. 党领导立法与人大主导立法之间的关系。

党领导立法与人大主导立法之间是否存在矛盾与冲突，主要分歧是党领导立法是否有破坏民主政治，对人大主导的立法工作产生负面影响的风险。目前，有关党领导立法和人大主导立法之间关系的相关论述结论并不统一，此外，"党领导立法"一词经常出现在一些官方文件以及领导人的声明中，相对抽象和笼统。李适时在 2014 年地方立法研讨会上说："人大在立法中的主导作用，是党的领导和支持下的主导作用，越是坚持党的领导，就越能发挥人大的主导作用。"[2]强调了党的领导对人大立法的重要性，但没有具体系统地讨论党的领导如何影响人大立法。因此，党领导立法与人大主导立法之间并不存在直接的矛盾和冲突，二者之间是统一的关系，人大主导立法是在党的领导和支持下的主导立法，党在思想上领导立法，人大在立法工作中主导各项具体的立法工作事项。[3]

2. 人大主导立法与政府的立法权

长期以来，我国的立法进程表明，政府提出议案，并将其提交给同级人大常委会审议，政府显然占主动地位，而人大相对被动。我国的权力运作模式不同于西方国家，作为国家权力机关的人大是人民行使国家权力的机关，其法律地位高于同级政府和司法机关。同时，立法的过程本身就是权力和利益分配与平衡的过程。由政府部门负责起草地方性法规，极易导致地方政府部门过多考虑自身职权和利益，在起草过程及立法内容上不适当地扩大本部门的行政权力，弱化部门所承担的行政责任和法定职责。[4]

3. 人大与人大常委会立法关系的定位

全国人大常委会是全国人大的常设机构，负责在全国人大闭会期间行使

---

〔1〕　褚宸舸：《全国人大常委会法工委职能之商榷》，载《中国法律评论》2017 年第 1 期。

〔2〕　李适时：《进一步加强和改进地方立法工作》，载《中国人大》2016 年第 18 期。

〔3〕　陆丽君：《我国人大主导立法制度研究》，河北大学 2019 年硕士学位论文。

〔4〕　刘松山：《立法规划之淡化与反思》，载《政治与法律》2014 年第 12 期。

其赋予的职权。尽管它在此期间行使最高国家权力，但并非独立于全国人大的单独最高权力机构。实际上，最高权力仍归属于全国人大。全国人大常委会的职权直接源于《宪法》的授权，并在《宪法》第 62 条和第 67 条中对其职权有明确规定。从机构地位上看，全国人大常委会作为全国人大的常设机构，在全国人大闭会期间代表其行使权力。这种关系确保了国家权力的稳定性和连续性。

（二）立法计划的制定缺乏科学性

立法在促进和管理经济社会发展以及改善和保障人民生活方面发挥着重要作用。人大作为立法机关，应当充分考虑立法各方面的实际需要，科学公正地协调和规划立法工作。但当前地方人大的立法规划不够科学有效，立法计划的编制缺乏全面规划。在制定立法计划时，人大侧重于扩大立法提案的范围，特别是向政府部门或其执法机关征求提案。对于本地经济社会发展的新形势、新情况、新要求的研究思考不够主动深入，对立法项目的必要性和可行性也缺乏整体的把握。在某种程度上，存在"政府部门报什么、人大立什么"的错位现象。[1]

（三）地方立法队伍力量不足

地方立法队伍力量的不足，已成为地方人大常委会行使地方立法权时面临的一个重要挑战。作为地方立法工作的核心力量，立法队伍的强弱直接影响着立法质量和效率。然而，当前地方立法队伍薄弱的问题，其中的原因不乏多方面。立法工作对人员的法律素养和专业知识要求极高，但目前地方立法机构在吸引和留住高端法律人才方面还存在不小的困难。许多优秀的法律人才更倾向于选择进入司法机关、律师事务所或大型企业，而非立法机构。立法工作涉及的法律领域广泛，要求立法人员必须不断更新自己的法律知识，以适应不断变化的法律环境。目前许多地方立法机构在人员培训方面的投入还远远不够，导致立法人员的专业素养和技能水平无法得到有效提升。另外，激励机制对于激发立法人员的积极性和创造力也至关重要。然而，目前许多地方立法机构在薪酬待遇、晋升空间等方面还存在诸多不足，难以吸引和留住优秀的立法人才。

---

〔1〕 刘洋：《提升地方人大立法主导作用研究——以吉林省 2016—2020 年立法工作为例》，吉林大学 2021 年硕士学位论文。

五、完善我国人大主导立法体制的路径

（一）厘清人大与其他立法参与主体的关系

随着我国社会的发展，各种社会关系日益复杂，社会问题不断增多，需要法律调整的内容也越来越多，对我国立法工作也提出了更高的要求。人大主导立法作为中国特色社会主义法治体系中的重要制度，也必须要以问题为导向进行修改完善。[1]同时，当全国人大在立法中发挥主导作用时，要适当处理好与其他立法主体的关系，包括党的领导与人大的关系、人大与政府之间的关系以及人大立法职能的分配。

坚持党领导下人大主导立法：党领导立法与人大主导立法之间不是对立或相互矛盾的关系，而是相互协调的关系。十八届四中全会的决定明确要求，加强党对立法工作的领导，改进党在立法工作中重要问题上的决策程序，重大体制和重大政策调整的，必须报党中央讨论决定。党中央向全国人大提出《宪法》修改建议，依照《宪法》规定的程序对《宪法》进行修改。法律制定和修改的重大问题由全国人大常委会党组向党中央报告。[2]

遵守《宪法》规定，严守人大制度本质要求：突出全国人大的领导地位，强化人大工作责任制。坚持问题导向，深入研究，落实发展规律，实施良法善治。要在法规立项、起草、审议等关键环节严格把关，要推动高质量立法，不断完善立法工作架构，统筹推进法规"立改废释"工作。写好立法的"前篇文章"；注重"小快灵"立法，着力解决实际问题，做好立法的"中篇文章"；及时开展执法检查，做好立法的"后篇文章"。[3]遵守宪法规定并严守人大制度的本质要求，是维护我国社会主义法制统一、尊严和权威的重要体现。人大主导立法，推进一元多层次立法。人民代表大会主导全国立法活动，推进一元多层次立法，这是我国立法体制的核心原则和重要特点。"一元"意味着全国只有一部《宪法》，体现了人民的基本意愿，中央在立法权上实行统一领导。"多层次"意味着不同类型的中央和地方立法共存，中央和地方都有

---

〔1〕 张德江：《完善以宪法为核心的中国特色社会主义法律体系》，载《人民日报》2014 年 10 月 3 日。

〔2〕《中共中央关于全面推进依法治国若干重大问题的决定》，载《人民日报》2014 年 10 月 29 日。

〔3〕 李丹、袁海军：《陈飞：强化责任担当，着力解决问题，立良法促善治》，载《人民之友》2023 年第 8 期。

一定的立法权。中央立法包括全国人大及其常委会制定的法律，以及国务院制定的行政法规等。地方立法包括各省级人大及其常委会、设区的市人大及其常委会制定的地方法规。这一多层次的立法体制确保了国家法律的统一性和权威性，同时考虑到地方的实际情况和特殊需要。

正如庞德所说，法律必须是稳定的，但不能停滞不前。我国目前正处于社会转型期，立法工作面临着稳定性和有效变革的双重要求。立法工作则应从中央与地方、人大主导与其他国家机关、组织、社会公众等多维度进行推进。但是，这样的多维度推进应当有序推进，以人大为主导，多元主体配合进行。

事实上，目前我国地方立法工作非常活跃，特别是 2015 年后，随着立法权扩展到所有设区的市，地方立法工作开启了一个新的高峰。以湖北省地方立法工作为例，2023 年全年湖北省共制定地方性法规 13 部，审查批准设区市地方性法规 9 部。随着全国范围内省市地方立法工作如火如荼地开展，与此同时，也产生了一系列问题——地方性法规重复、抄袭上位法、同位法，其中原因有地方立法技术不足，立法工作开展不到位等，但最为重要的原因还是"人大主导立法"制度贯彻落实不到位。只有坚持人大主导立法，以人大系统为中心点，其他国家机关、组织和公众协同配合，才能避免上述问题的出现。此外，地方立法也要转变视角，从一味地追求经济、着眼管理向多元化立法进行转变。要着重考虑人民群众不断提高的文化需求和生态文明需求，以人民群众真正面临的社会问题为突破口，从人民群众真正的需求出发。比如，随着物质水平的不断提高，公众的文化需求日渐增加，设区的市一级关于文化基础设施以及历史文化保护层面的相关法规还尚不完善，这就要求人大积极发挥主导立法的作用，在确定地方立法项目时关注地方民众的实际需求，切实做好地方立法工作，推进科学立法，立人民需要的法。[1]

（二）在立法活动全过程中强化人大"主导"作用

发挥人大在立法工作中的主导作用，要全面提升人大的立法能力。人大代表是各级人大的主体，工作和生活在人民群众中间，最能够了解和直接反映人民群众的立法诉求。进一步发挥人大代表的主体作用，要以制度规范形式为其参与立法提供途径保障。就立法准备阶段的法案起草而言，人大主导立法体现为，人大在法案起草过程中，指引、规范并监督草案的适用对象、

----

〔1〕 陆丽君：《我国人大主导立法制度研究》，河北大学 2019 年硕士学位论文。

法规结构、价值目标和路径选择。[1]有的地方，在法规起草过程中，委托第三方起草，发挥人大主导立法已积累了一定的经验。人大主导立法活动的全过程，人大从法规的调研、立项、起草等环节已经开始介入。

在调研阶段，改变传统调研角色，人大针对立法调研内容进行实质性主导。以人大提前介入立法、全过程主导立法为内容，将相关内容制度化、规范化，从而解决立法中出现的问题。首先，在配套机制层面，增设审议意见办理机制，即收集整理各方对于人大常委会相关审议意见、建议，通过对于办理流程，相关责任等制度化的确认，推进法规审议意见的规范化，提高审议质量。其次，坚持具体责任负责制，确保立法有关工作制度的有效执行。最后，针对人大在立项环节的介入，可以在地方立法条例上予以直接规定和细化，增强人大内部职能部门对于"提前介入"的主动性、规范性。以提高立法质量为目标，推进人大主导立法，精细化立法、科学立法。

（三）健全人大主导立法的工作机制

健全人大主导立法工作机制，一是完善立法规划机制，为确保立法的科学性和系统性，人大应制定长期、中期和短期的立法规划和立法计划，明确立法的重点、方向和时序。同时，要加强对立法规划执行的监督，确保按期完成立法任务。二是强化立法调研制度，立法调研是立法工作的重要基础。人大要健全立法调研制度，提高调研的针对性和实效性。通过广泛听取各方面意见，深入了解实际情况，确保立法决策的科学性和合理性。三是优化法规草案公开制度，公开透明是立法工作的基本要求。确保公众能够及时、全面地了解法律草案的内容。通过公开征求意见、举行听证会等方式，广泛听取公众意见，增强立法的民主性和透明度。四是加大公众参与力度，公众参与也是立法民主化的重要体现。要通过多种途径和方式，加大公众参与立法工作的力度。例如，建立公众参与立法的平台和机制，鼓励公众提出立法建议，增强公众对立法工作的认同感。五是完善立法评估体系，立法评估是衡量立法质量的重要手段。要完善立法评估体系，建立科学、合理的评估标准和评估方法。通过对立法成果的评估，及时发现和解决问题，为今后的立法工作提供借鉴与参考。六是加强立法协调配合，立法工作需要各方面的协调配

---

　〔1〕　卫学芝：《人大主导立法下的法案起草模式研究》，山东大学 2020 年博士学位论文。

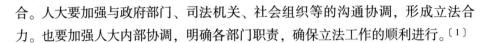

合。人大要加强与政府部门、司法机关、社会组织等的沟通协调，形成立法合力。也要加强人大内部协调，明确各部门职责，确保立法工作的顺利进行。[1]

（四）完善地方立法队伍建设

要加强立法前的调研工作，鼓励地方立法队伍在立法前进行深入的调查研究。在地方立法缺乏人才资源时，要充分运用社会资源，补充增强地方立法工作的力量，比如可以邀请法学专家、行业技术专家、律师等参与地方立法工作，进而弥补立法工作队伍力量的不足。同时，要加强对立法工作人员的培训和管理，提高他们的业务素质和业务能力，为地方立法工作提供坚实的人才保障，促进地方立法工作的顺利开展，并提高立法质效。

第三节　地方立法中公众参与制度的完善

地方立法公众参与制度是实现立法民主性的重要渠道，也是提高地方政府治理能力的必然要求。目前，我国公众参与地方立法的广度和深度还很有限，导致公众参与地方立法的水平和现状难以适应现代立法的根本要求。进一步健全和完善我国地方立法公众参与制度和机制已成为当务之急。完善公众参与地方立法的途径，需要扩大地方立法参与主体，拓宽立法参与范围，建立公众参与的程序性规范，完善立法评估机制并建立相应的激励机制。

一、公众参与地方立法的主体与范围

从现行立法来看，公众参与地方立法是指公众直接参与省级、市级地方权力机关、地方政府制定、修改、废止地方性法规和规章的活动及相关法律制度。对公众参与地方立法主体和范围的认识，应当建立在对这一概念的认知之上。

（一）公众参与地方立法的主体界定

如果说公民通过自己选举的代表参与立法、管理国家是公民间接参与的话，那么公民直接参与立法和管理国家则是公民直接参与。地方立法公众参与是指公民的直接参与，但学界对公众参与制度中的"公众"主体有不同的

---

〔1〕　乔彦霏：《设区的市人大主导立法研究》，四川省社会科学院 2018 年硕士学位论文。

理解。一种狭义观点认为，公众参与的主体是相对于国家机关工作人员而言，是政府为之服务的主体群众。也有学者认为，地方立法公众参与中的"公众"主体是指与公共机构相对应的自然人（但排除了公共机构的成员和作为立法助理的专家、学者）、营利性的法人组织和非营利性的社会团体。[1]更多学者持有下述观点，即公众参与的主体并不局限于公民，还包括一切有关的公共权力部门、社会团体、企事业单位和群体。

第一种观点太过于狭义，早期学者持有这种观点，目前已被大多数学者所摈弃。因为"公众参与"与"公民参与"是两个不同的概念，"公众"不仅包括公民个体，还包括社会团体、人民团体等组织。第二种观点认为，公众并不当然地包括专家学者。专家学者参与地方立法，如果是接受公共权力机构的委托，提供立法意见或建议，成为公共权力机构的立法"助理"，就不是公众，如果仅仅作为普通民众，根据自己的研究对有关立法发表自己的意见或建议，此时，他们才是参与立法的"公众"主体。这里排除了立法专家学者，其实是不合理的。立法专家学者作为"公众"中具备专业文化知识和立法实践经验的特殊主体，不仅能够准确表达公众的利益需求和现实愿望，而且能够通过专业语言将利益诉求转化为权利话语，并融入制度文本。立法过程中的专家意见既是该领域专业知识的凝结，又是相关学者利益诉求的表达，具有双重属性。我们认为，立法专家学者理应成为公众参与的主体之一。由此，公众参与地方立法的主体包括普通公民、人大代表、政协委员、立法专家学者和人民团体等个人和组织。

（二）公众参与地方立法的范围界定

按照《立法法》和各地的立法条例等法律法规的规定，公众参与地方立法的范围是全方位的，贯穿整个立法的各个环节。具体而言，从立法规划、立法计划的制定到立项项目征集、草案审议、法规规章的修改、废止和立法后评估等，都应当包含在内。然而，从目前的地方立法实践来看，公众参与立法活动的范围，主要集中在法规草案的意见征求、立法准备阶段，而在"立法完善"阶段（立法后评估、立法清理）则较为欠缺。实际上，在法规

---

〔1〕　饶世权、饶艾：《地方立法公众参与的概念、主体与价值》，载《西北大学学报（哲学社会科学版）》2008年第1期。

的立法完善阶段也迫切需要公众参与。[1]

二、公众参与地方立法的现状与问题

2015 年《立法法》修正以来，设区的市纷纷开展地方立法工作。《立法法》第 39 条、第 40 条的规定，为公众参与立法提供了一定的参与途径，列举了座谈会、论证会、听证会、书面听取意见等方式。虽然对公众参与立法的具体方式有所列举，但在地方立法过程中，实际的操作弹性较大，主要取决于立法机关的选择。实践中，有通过政府网站向社会公众征询意见的方式，召集草案的利害关系人召开座谈会的方式，举行立法听证会、立法专家论证会的方式，也有发放调查问卷征询公众意见的方式等，不一而足。不可否认，地方立法公众参与制度在实践中确实取得了一些成效，也渐渐地被更多公众所接受，但仍存在诸多问题。一是公众主体方面的不足，参与意识淡薄、积极性不高、参与能力和水平有限等；二是公众参与机制方面的问题，参与方式形式化、听证制度和专家论证制度等具体程序不完善、缺乏激励机制等。

（一）公众参与主体存在的问题

1. 公众参与意识淡薄、积极性有待提高

首先，民主意识与参与意识的养成需要长期的过程，而在我国的传统观念中，更多地体现为"法自君出""法自上出"。长期以来，普通民众认为立法是国家机关和地方政府的职责，而不是自己个人的事。立法机关将法律制定出来，公民个人只需遵纪守法，做一位守法公民就行了。公民能够知晓选举权和被选举权是一项基本的政治权利，但很多人不知立法参与权也是其重要权利。中国人大网统计显示：2020 年 1 月 26 日，结束征集意见的 6 部法律，除了《民法典（草案）》有 1.37 万人参与以外，有一部只有 103 人参与，其余 4 部法律参与人数不足 100 人，参与人数和征集到的意见条数均比较少。

其次，在从众心理的影响下，人们在日常行为中往往有"随大流"的思想倾向。不管公民是否直接参与立法，都有资格享有参与的成果。这就极易出现集体行动中的"搭便车"现象。在没有外在激励的情况下，大多数人对于立法缺乏关注的热情。在集体行动中，从众心理会表现得更为明显。这样

---

〔1〕 黄信瑜：《公众参与地方立法制度创新：实践反思与完善制度》，载《学术论坛》2016 年第 12 期。

的想法既影响公众是否选择参与立法活动，也影响公众立法参与的效果。加之多数民众深受传统思想的影响，均抱着"事不关己，高高挂起"的态度，不关注、不参与地方立法。

2. 公众参与能力和水平有限

随着社会经济文化的不断发展，现代立法的专业化、技术化趋势日益明显，对立法工作者和立法参与者的要求越来越高。而普通民众囿于知识储备、法律素养的限制，参与地方立法的能力不足，这也影响到公众参与的意愿与热情。实践中，参与地方立法者多为专家学者、文化知识水平相对较高的群体，农民工等低学历低收入者参与立法的现象相对较少。因此，提高弱势群体的参与能力，保障弱势群体参与立法，显得尤为重要。

(二) 公众参与机制存在的问题

1. 公众参与地方立法的深度和广度不够，参与范围有限

当下民主立法的呼声日益高涨，党和国家十分重视公民有序参与立法。党的十九大报告指出，要"创新公众参与立法的方式"，《立法法》也明确要求保障公众参与立法的各项权利。但在实践中，公众参与立法的总体发展不太理想，参与立法途径有限。《立法法》和各地立法条例所规定的座谈会、听证会、论证会等多种参与机制，同大众所期待的民主参与仍有差距。

地方立法实践中，公众参与范围较为有限，主要集中在草案征集意见环节。而按照《立法法》等法律法规的规定，在立法规划、立法计划制定、立法立项建议、立法前评估（审议阶段对草案的修改、论证）、立法草案修改建议、立法后评估（立法修改完善）等立法全过程都需要公众参与。

2. 听证制度趋于形式化

立法听证制度是指立法机关为了收集、获取可靠的立法信息和资料，就立法的必要性和法规草案内容的可行性等问题举行听证会，邀请与草案有利害关系的公民和组织、立法专家学者、实务工作者到会陈述意见，以便为立法决策提供参考依据的制度，为公众发声提供了一个机会和平台。

《立法法》和各地立法条例均对立法听证制度作了规定，但实践中依然存在一些问题：一是听证会的启动没有严格标准，"专业性较强""涉及重大利益调整"等听证会适用条件的解释权掌握在立法机关手中，是否启动召开听证会完全由立法机关垄断和主导。二是听证代表的选任结构不是很合理。一

些地方立法机关在举行立法听证会或立法座谈会时，设置的不同类型的代表人数比例失调，与草案有利害关系的公民和组织的参与人数低于国家机关工作人员的参与人数。[1]某市司法局官方网站显示：《XX市扬尘污染防治管理办法》立法修订举行立法听证会，听证代表共17人，其中社区工作人员1人，立法专家1人，行政机关行业主管部门5人。其中具有利害关系的企业代表10人，占参会总人数的59%。代表的结构比例没有太大问题，但是匆忙上阵的参与者面临着信息不对称、专业知识贫乏、准备时间仓促等问题，与立法主体相比，参与者往往处于事实和心理上的劣势。三是听证不充分，听证结果未体现于法规、规章草案中。实践中，立法主体将听证作为立法活动中的一个环节，作为集思广益、征求意见的渠道，往往"走走过场"，对提高立法质量并无太大帮助。最终结果是，公众虽然参与了地方立法的过程，对立法的结果却没有太多影响，进一步打击了公众参与地方立法的积极性。

3. 地方立法评估制度中的专家论证制度不够完善

地方立法评估制度，是对审议后表决前所形成的法规草案，以其必要性、合法性、协调性和可操作性等为内容的论证活动。专家论证通常是立法评估的主要方式，立法主体针对立法过程中存在的专门性、专业性问题召开论证会，邀请相关专家进行论证。重点预测评价法律草案的合法性、实施效果和社会影响、立法技术规范等，目的在于减少地方性法规的试错成本，提高立法质量。面对政府和立法机关的公信力普遍不高的现实，公众往往对"中立"的专家寄予厚望。然而，实践中，专家论证制度的适用条件、具体程序等没有制度依循。

4. 立法信息公开不到位，信息反馈不充分

在地方立法过程中，立法信息尚未做到全程公开，立法信息公开的随意性大，没有统一规范标准，公众处于被动的地位。在地方立法实践中，编制立法规划、立法计划时，立法机关主要听取政府部门的意见和建议，而较少听取社会公众的意见。在法规、规章草案征求公众意见时，一般也只是公布草案文本，而立法背景、立法依据、起草说明等相关内容很少公布。在报纸、网络上公布立法信息，并非大多数公众都能看见。另外，提案、立法审议、

---

〔1〕 王怡：《认真对待公众舆论——从公众参与走向立法商谈》，载《政法论坛》2019年第6期。

讨论、辩论的过程大多是不公开的，缺乏必要的透明度。[1]现有公众参与立法活动的反馈不够充分，公众提出的立法意见和建议常常石沉大海，影响公众参与的现实效果和实际意义。

5. 公众参与立法的激励机制相对缺乏

在地方立法实践中，立法机关邀请公民通过座谈会、听证会等形式参与立法，基本上是没有补贴和报酬的。而公民参与这些立法活动，需要花费一定的成本，比如交通费、生活费和时间成本。如果连这些基本的开支都不能保障，公民参与立法活动的积极性势必大打折扣。

三、完善公众参与地方立法的途径

本地公众对本地的社会、经济、环保和历史文化状况更熟悉、更关切，是地方立法的智力宝库。为此，有必要对地方立法存在的问题进行反思和总结，大力拓展公众广泛参与地方立法的途径。

（一）扩大公众参与地方立法的主体范围

如前文所述，在理论界，关于公众参与立法的"公众"主体仍然存在争议，公众主体范围界定较小。在地方立法实践中，公众参与地方立法主要是公民个体的参与，即"公民参与"，而非真正意义上的"公众参与"，缺乏社会组织、人民团体等组织的参与。

社会组织的积极参与，不仅可以提高公众参与的广泛性、有序性和实效性，而且能够由此培植出超越自身利益诉求的现代公共精神。域外很多国家公众参与立法并非以个体的形式进行，而是以社会组织或者利益集团的形式出现。这些组织形式多样，如政党、农民组织、大公司、职业团体、慈善机构、工会、消费者团体等。[2]

由于我国现有法律法规对于社会组织参与地方立法没有明确规定，同时我国的社会组织发育尚不健全，因此，一方面，我们要充分利用和挖掘现有的利益团体，如企业家协会、环境保护组织、消费者权益保护协会等社会组织的积极性，使它们成为地方立法参与的重要主体。[3]另一方面，我们要重

---

〔1〕　顾爱平：《公众参与地方立法的困境与对策》，载《江苏社会科学》2017 年第 6 期。

〔2〕　蔡定剑主编：《国外公众参与立法》，法律出版社 2005 年版，第 89 页。

〔3〕　顾爱平：《公众参与地方立法的困境与对策》，载《江苏社会科学》2017 年第 6 期。

视并吸纳工会、妇联、共青团等人民团体参与地方立法，逐步实现公众参与地方立法的组织化，提升公众的民主政治意识及其参与能力。与前述社会组织相比，人民团体与党有特殊的渊源，是党领导下的群团组织，与党的政治目标一致，人民团体参与地方立法，更容易获得党和政府的支持及民众的信任，其立法主张更容易被立法机关吸纳。

（二）拓宽公众参与地方立法的事务范围

地方立法实践中，公众参与的具体事务范围有限，主要集中在草案征集意见环节。按照《立法法》的规定，公众参与立法应该贯穿立法全过程。具体而言，体现在以下几个方面：

一是公众参与地方立法的途径，立法调研是其中之一。立法机关受人员或专业限制，难以独立完成立法调研的，可以委托专家学者代为调研，也可以委托社会组织、政协、人民团体等进行调研，以达到更好的效果。二是公众参与地方立法规划和年度立法计划的编制。这可以使公众从源头上获得地方法的参与空间。这样公众可以就自己感兴趣、力所能及的事项先期进行研究，收集民情民意，提前酝酿准备。三是公众参与立法项目征集。长期以来，地方立法项目来源单一，主要来自政府部门建议。今后应当扩大立法动议权的主体范围，立法机关主动向社会公开征求立法建议项目。这样可以充分了解公众的利益所在，使立法真正建立在民意基础之上。四是公众参与草案修改的征集意见环节，通过网络、报刊、微信、微博等平台，或者通过听证会、论证会、座谈会等形式，对法规草案提出修改意见。五是公众参与立法后评估环节，地方立法公布实施后根据实施的具体情况，进一步地修改完善。

（三）确立正式的立法听证制度

立法听证制度也是公众参与地方立法的一个有效途径。立法听证制度是立法主体作出立法决定前，将法规、规章草案内容告知相对人，并告知听证权利，相对人向立法机关表达意见，提供事实进行辩论，立法主体听取意见，根据听证的记录提出立法建议的一系列程序。立法听证的参加主体包括立法机关、专家学者、普通公众、社会组织和人民团体等个人和组织。建议制定相关立法，对公众参与立法听证的启动条件、参加人的选择、听证的内容、听证的步骤、时限、听证记录的效力、听证后立法建议等问题加以明确规定，以保证听取意见的全面性。有了明确的法律依据，从而更好地指导地方立法听证工作。

（四）完善地方立法评估制度中的专家论证制度

1. 加强立法完善

从我国《立法法》和各地的立法条例中可以看出，专家论证除可以出现在法律草案起草阶段以外，还可以出现在法律草案审议阶段。只要出现专门性、专业性的问题，就需要立法专家、行业专家运用专业知识进行分析、论证，其重要性并不亚于听证制度。然而，我国当前的法律却并没有对这一制度作出具体规定。《立法法》第 42 条规定了"法律案通过前评估"的程序性规定，但只是原则性的要求，尚未出台专门系统的专家论证制度的法律法规，这就意味着当前的专家论证制度是随意性比较大的。在地方立法层面，目前我国有二十多个省、市制定了地方立法评估规范性文件，实现了地方立法评估的制度化。2013 年广东省人大常委会出台了《广东省人民代表大会常务委员会立法评估工作规定（试行）》，要求对新制定、全面修订以及重大制度作出修改的法律草案表决前评估，严把法律草案的"出厂检验关"。[1]这一做法可以进一步推广，以便从立法层面为专家论证制度提供依据。

2. 完善专家起草和论证制度

按照《立法法》的规定，专业性较强的法律草案可以吸收相关领域的专家参与起草工作，或者委托相关专家、教学科研单位、社会组织起草。很多地方立法条例也遵循《立法法》的精神，对此加以规定，但规定过于原则的问题较为突出。[2]专门的立法研究机构受立法机关委托承担难度较大的立法项目，起草法律草案、对法律草案予以评估论证，有助于从源头上确保立法质量。

（五）完善立法后评估制度

立法后评估是指法律法规在实施了一段时间后，经立法主体对其本身的质量、社会效果作出评估，发现法律本身存在的问题，为法律法规的立、改、废提供决策依据。[3]

根据《立法法》的规定，当前的立法后评估主体属于权力机关内部单一主体，公众没有参与的权利。但在实践中，评估主体要评估法律法规的实效，

---

〔1〕　张显伟等：《地方立法科学化实践的思考》，法律出版社 2017 年版，第 61 页。

〔2〕　王怡：《认真对待公众舆论——从公众参与走向立法商谈》，载《政法论坛》2019 年第 6 期。

〔3〕　汪全胜等：《立法后评估研究》，人民出版社 2012 版，第 94 页。

往往需要依靠公众反映情况，这也可以算是公众参与立法后评估的一种方式。之所以提倡在立法后评估中引入公众参与，是因为地方公众对本地的地方性法规、规章的实施效果是有最真切感受的，通过公众参与的平台可以表达他们的真实感受并提出意见，从而促进立法的进一步完善，更有利于公民遵法守法。[1]我国的立法后评估制度才刚刚兴起，公众参与的范围、方式、功能等都还十分有限，所以迫切需要建构并完善立法后评估的公众参与机制，以真正发挥立法后评估以及立法后评估公众参与制度的积极作用。2020 年 12 月，孝感市司法局启动立法修改程序，在网站上公开发布《孝感市扬尘污染防治管理办法（征求意见稿）》。该政府规章自 2018 年 1 月 1 日起施行，为了与新修订的生态环境法律法规保持一致，需要相应地对该办法进行修改完善。该立法修改活动实质上就属于立法后评估，并且充分运用了公众参与机制，在立法修改过程中，融入了公众参与的多种途径和方式：征集意见、召开听证会、专家评估论证等，切实体现了地方立法的民主性、科学性，大大提高了地方立法质量。

（六）建构公众参与地方立法的激励机制

建立促进公众参与地方立法的激励机制，通过对积极参与地方人大、政府立法的公众给予物质奖励和精神奖励的方式，吸引更多的公众参与地方立法。公众参与立法是需要付出一定的时间成本和物质成本的，尤其是那些耗时耗力的参与方式，如座谈会、听证会等。[2]立法主体可以给予参与立法的公民个人、专家学者发放适当的补贴与报酬。另外还应当重视精神奖励的作用，如颁发证书、通报嘉奖等形式。将物质奖励和精神奖励结合起来，切实减少公众参与成本，激发公众参与地方立法的热情和积极性。

第四节　地方立法技术的完善与思考

立法技术构成了科学立法的主线，贯穿地方立法过程的始终，是地方立法机构工作人员所必须遵循的操作规范，其优劣好坏直接关系地方性法规的文本质量及实践效果。立法技术对法规文本的具体要求有：法律文本结构的

---

〔1〕 王子正、赵佳丽：《地方立法的公众参与问题研究》，载《河北法学》2018 年第 3 期。

〔2〕 郭晓燕、李拥军：《公众参与立法的功能异化与矫正路径》，载《齐鲁学刊》2021 年第 2 期。

协调、法律概念的统一、法律用语的具体明确、法律逻辑结构的完善等。

一、地方立法技术的内涵

立法技术是指依据立法目的和要求从事制定、修改和废止法律法规等规范性文件活动中所遵循的方法和技巧的总称。[1]周旺生教授将立法技术的主要内容概括为：①法的总体框架设计技术，②法的基本品格设定技术，③法的名称构造技术，④法的规范构造技术，⑤非规范性内容安排技术，⑥具体结构技术，⑦立法语言技术，⑧有关常用字、词的使用技术。[2]

立法技术的分类，我们可以从广义与狭义的角度区分。广义上的立法技术涉及以立法权限的划分为中心的立法体制机制的构建、立法项目的择取、立法程序的编排、立法评估的模型、法律文本结构的设计、法律语言文字的表述、法律文本的立改废释等方面的技术。狭义上的立法技术一般仅指涉及法律的结构安排、文字表述方面的技术。即在具体立法活动中法律的结构编排和语言文字的表述，如法律中编、章、节、条、款、项的安排与法律规范的逻辑建构、标点符号的使用、专业术语的定义等。[3]汪全胜认为，立法技术一般包括法的形式结构技术、法的内容结构的技术以及法的语言文字的表达技术。[4]下面我们从狭义的观点出发，探讨地方立法技术的因应之策。

二、地方立法技术的问题

由于我国对立法技术的研究起步比较晚，对地方立法技术的研究也更晚，加上立法习惯上，对法律条文的表述崇尚语言文字的简约，长期把"宜粗不宜细"作为我国立法工作的一个基本方针，这都为我国地方立法带来了一系列问题。

（一）地方立法技术规范的法律制度供给少，效力层级低

我国国家层面上缺少立法技术的专门立法，只有全国人民代表大会常务委员会法制工作委员会拟定的《立法技术规范（试行）》，供地方立法参考。

---

〔1〕 刘平：《立法原理、程序与技术》，学林出版社 2017 年版，第 283 页。

〔2〕 周旺生：《立法论》，北京大学出版社 1994 年版，第 184 页。

〔3〕 魏治勋、汪潇：《论地方立法技术的内涵、功能及科学化路径——基于当前地方立法现状的分析》，载《云南大学学报（社会科学版）》2019 年第 1 期。

〔4〕 汪全胜：《立法技术评估的探讨》，载《西南民族大学学报（人文社科版）》2009 年第 5 期。

据初步统计，我国地方立法技术规范仅有 9 部。[1]如《广州市地方性法规技术规范》，还有重庆市、深圳市等制定了地方立法技术规范。

纵观地方立法技术规范，体现出数量少、效力层级低的特点，不足以为地方立法提供充分的制度支撑。相比于地方性法规、规章等非技术性规范，技术性规范都是地方规范性文件，效力层级低，主要由省、直辖市人大常委会主任会议审议通过或者市人大常委会会议或主任会议审议通过。

（二）立法技术不发达，原则性、宣示性规定较多

由于对地方立法技术的研究尚在起步阶段，有关地方立法技术的一些基本理论问题的研究有待深入。在地方立法实践中，法规规章的结构不合理，法律用语不规范，法律责任部分没有规定或者规定得不够合理，行政处罚幅度过大、自由裁量权没有得到很好的限制等现象频繁出现。

法规规章的总则部分原则性、宣示性的规定较多。法律规范的特点之一是准确和明确，否则遇到实际问题时，人们将无所适从，缺乏可操作性。此外，在法律、行政法规、地方性法规和地方政府规章四个立法层次中，地方性法规和地方政府规章的效力空间最小，不应有过多的原则性规定。只有注重具体化和有针对性，可操作性才更强，目前地方立法中"应重视""应加强""应积极做好"等条文表述不但出现在总则里，在其他章节里也随处可见。一些命令性、义务性的规范等规定也不明确，执行时难以掌握分寸，缺乏可操作性。

（三）法律规范的逻辑结构不完整，法律责任的规定不完备

法理学界关于法律规范的结构，通说采用"三要素"论，即适用条件、行为模式和法律后果。立法实践中，有的地方立法只有适用条件、行为模式的规定，缺乏对法律后果的规制。法律后果分为两种情形，即肯定性后果和否定性后果。对于法律责任来说，只有义务性条款及否定性条款，而无肯定性条款。例如，在义务性条款中规定人们在什么条件下，应当做什么、禁止做什么，但对禁止性规范缺乏相应的制裁部分。如果对照法规规章中的"严禁""禁止""不得"等条款，并不都能找出违反时的法律责任和制裁规定，以致这些行为规则缺乏强制力予以保障实施。

---

〔1〕 向往：《论地方性法规"不重复上位法"原则的规则化》，载《行政法学研究》2022 年第 2 期。

　　另外，由于涉及部门众多，职权交叉重叠，职责分工不明晰，在法规文本中主管机关不明确，没有明确规定执行机关的职权以及如何对其行为进行监督。

　　地方立法中未明确规定法律责任的问题也比较严重，目前法律对地方性法规和地方政府规章设立法律责任的范围已作了明确规定，各地应按授权范围设立有关法律责任的条款，以增强地方立法的可操作性。然而，实践中为了避免重复上位法的规定，在法律责任部分的设置上，地方性法规规章的立法主体显得谨小慎微，不规定或者较少规定违法行为应承担的法律责任。

　　上述立法技术方面存在的问题，危害显而易见。会给整个地方立法带来不科学、不严谨的弊端，甚至可能导致整个立法活动的失败和公众对地方立法失去信心，需要花大力气修正。客观地分析，地方立法技术不高的原因有许多主观人为的因素，也有社会实践的因素，但主要原因是忽视了立法技术的重要性。地方立法机关在立法时考虑到可能出现难以预料的情况和不能涵盖所有应当把握的程度，而在技术方法上使用含糊表达方式。立法所调节的利益冲突较大，难以协调、妥协和适当处理。加上立法者本身的失误，如词不达意、立法语言晦涩难懂等。最终导致地方立法法律责任条款不科学、不严谨，拉低地方立法的整体质量。

三、地方立法的基本规范

（一）文本的基本结构

　　《立法法》第 65 条规定，法律根据内容需要，可以分编、章、节、条、款、项、目。编、章、节、条的序号用中文数字依次表述，款不编序号，项的序号用中文数字加括号依次表述，目的序号用阿拉伯数字依次表述。据此，法律文本由编、章、节、条、款、项、目构成。

　　编的设置，目前只在全国人大制定的法律中使用，地方性法规基本不设置编。法规、规章可以设章、节，且必须符合一定的条件或者要求：一是内容较多、条款较多的才予以设章，一般是法规文本有 30 条以上的数量。二是结构复杂，有划分层次的必要时才予以设章，除总则、法律责任、附则外，至少还有两部分以上相对独立的分则内容，且每部分条款数不少于 3 条的情形，才考虑设章。三是在设有章的前提下，其内容构成仍然复杂，有必要分成若干部分的情况下，才在章之下设节。从内容上来看，目前设节的情形大多侧重于程序性规定。〔1〕如《行政处罚法》共 8 章，只有第五章"行政处罚的决定"中设置了四节。地方政府规章一般慎重设章，基本不设节。国务院制定的《规章制定程序条例》第 8 条规定：除内容复杂的外，规章一般不分章、节。

章、节都应当有章名和节名。章名应当能够概括本章的全部内容或者范围，一般概括为一项内容，至多用一个"与"连接两项相关内容。各章之间应当以序数形式连贯排列，冠以"第一章""第二章"，依此类推。

（二）地方立法文本条文的表述规范

法律文本一般由名称、总则、分则、法律责任、附则等部分组成。每一部分都有一些常规性的条文安排，在长期的地方立法实践中，已经形成一些惯例被立法者所模仿和遵循。

1. 名称

首先，地方性法规、地方政府规章的名称应当完整、准确、简洁，能够集中体现法规的实质内容，反映适用范围和基本体例。其次，地方性法规、规章的名称一般由"区域名称、规范事项、基本体例"三要素构成。其中规范事项应当是具体事物，要精准、精炼表达法规的核心内容，能够概括整部法规，尽量不要使用形容词、副词等修饰性词语。例如，《宜昌市住宅小区物业管理条例》《孝感市电动自行车管理条例》等。

2022 年 6 月，宜昌市第七届人大常委会第三次会议对《宜昌市养犬管理条例（草案二审稿）》进行了审议，并对该条例的名称进行了调整。鉴于条例所调整的事项为养犬，文明养犬、规范养犬是本条例出台所需要达到的目的，文明养犬和不文明养犬均属于本条例的调整和规范范围，以"养犬"二字对本条例的调整事项进行概括更精准、更精炼。因此将法规案名称由《宜昌市文明养犬管理条例》修改为《宜昌市养犬管理条例》。

地方性法规的基本体例主要有下列四种：

一是条例，适用于对管辖范围内某一领域的事项作比较全面、系统的立法规范。条例是目前法规的主要体例，地方性法规名称大多数称为"某某条例"。二是规定，适用于对某一具体事项作出特别的立法规范。三是实施办法，适用于对实施法律或者行政法规作出比较具体、详尽的立法规范，立足于结合本地区、本系统实际情况，对上位法中部分需要细化的内容作出具体

---

〔1〕 刘平：《立法原理、程序与技术》，学林出版社 2017 年版，第 295 页。

规定，以解决上位法的操作问题。四是决定，适用于根据实际需要对某种法律性问题作出的立法规范，是一种不采用条款式的简易法规体例。决定一般用于依法对某些现行法规中特定条款的适用情况变动及时作出决定。如《宜昌市人民代表大会常务委员会关于加强生物多样性协同保护的决定》。

地方政府规章的体例主要包括下列四种：

一是规定，适用于对管辖范围内某一领域的事项作出全面、系统的立法规范，其地位类似"条例"在法规中的定位。二是办法，适用于对某一行政管理事项作具体、详尽的立法规范，与规章的"规定"相比，"办法"规范的事项更小、更细致，一般更侧重于规范程序，以解决操作问题。三是实施办法，适用于对法律、法规作出比较具体、可操作的立法规范，其定位与法规中的"实施办法"有所不同，规章中的"实施办法"不要求系统、完整，需要细化几条就规定几条。四是实施细则，适用于对法律、法规作出具体、详尽的操作性细化。其定位与法规中的"实施办法"相类似。其具体适用主要有：对上位法全部内容作全面、系统的细化；对上位法某一方面内容作全面、系统的细化；对某一项制度作全面、系统的细化。

2. 总则部分

法的总则，是在法规范文本中具有统领地位，在法的结构中与分则、法律责任和附则等对应的法的条文的总称。法的总则有以章标的形式出现的表述形式，也有不分章的表述形式。法规范文本的总则部分，一般表述立法目的和法律依据、定义、适用范围、法的原则、实施主体、总体要求或基本规范等内容。

立法一般需要明示立法目的，实施性立法还要明示立法所遵循的上位法依据。立法的目的和依据，一般置于法律文本正文的第 1 条。例如，《荆州市扬尘污染防治条例》第 1 条规定："为了有效防治扬尘污染，保护和改善大气环境，保障公众健康，推进生态文明建设，促进经济社会可持续发展，根据《中华人民共和国环境保护法》……等法律法规，结合本市实际，制定本条例。"

适用范围，是指法规范所适用的地域、对象和行为。地域，指特定适用的行政区域。通常的表述是"本省（市）行政区域内"。对象，是指法规范所调整的特定主体，包括个人或者组织。通常的表述是"公民、法人或者其他组织"。

行为，是指法规范所调整的特定主体的相关行为、活动以及关系。例如，"本条例适用于本市行政区域内扬尘污染防治及其监督管理活动"，"本市行政

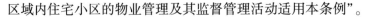

区域内住宅小区的物业管理及其监督管理活动适用本条例"。

3. 分则部分

分则部分也就是立法文本的主体部分，即对不同主体、客体、行为和结果分别作出规定的部分。其主要任务是制定法定规则，明确行为主体的权利义务或者职权职责，即通过制定义务性规则和授权性规则，为法律行为主体设定行为规范。

贯穿立法始终的核心概念，就是权利（职权）和义务（职责）的分配。立法的目的，就是通过规范公民、法人和公权力部门的行为模式，达到维护个体的权利和义务，同时维护国家利益和公共利益的目标。

所谓行为规范，就是明确义务主体为一定行为或者不为一定行为。这是立法的主要内容。落实到具体立法实践中，主要有四种行为规范：一是禁止性规范，即规定行为主体不得做出某种行为的规范。二是义务性规范，即行为主体按固有的条件必须做出某种行为的规范。三是授权性规范，即允许或者授予行为主体做出某种行为的规范。四是倡导性规范，即提倡行为主体做出某种行为的规范。

4. 法律责任部分

法律责任是当事人不履行法定义务所产生的法律后果。无论是义务性规范，还是禁止性规范，都应当相应规定不履行义务的法律责任。法律责任在法律文本中的位置，一般接近法规范的末尾部分，置于权利与义务之后，附则之前。

在地方性法规、政府规章中，法律责任主要是设定行政责任，对刑事责任和民事责任只作一些引导性和提示性的规定，不做具体设定。其原因是，刑事责任和民事责任都属国家法律专属立法权事项，地方性法规、规章无权设定。对行政责任，既包括针对不履行义务当事人的行政处罚、行政强制及其他行政处理，也包括针对违法违纪的行政机关工作人员的行政处分。

（1）法律责任的表述方法。在地方性法规、政府规章制定中，法律责任的表述方法主要有下列三种：

第一，违法行为表述法。即明确表述违法行为，相对应地设定行政处罚的种类和幅度，可概括为"违法行为+行政处罚"模式。例如，《孝感市饮用水水源保护条例》第33条规定："违反本条例规定，在饮用水水源一级保护区内停靠与保护水源无关的船舶的，由交通运输主管部门责令驶离；拒不改正的，处 2000 元以上 1 万元以下罚款。"

第二，条文序数对应法。即直接引用法律规范中设定禁止性规范、义务性规范的条文序数，再相对应地设定行政处罚种类和幅度。可概括为"条文序数+行政处罚"模式。例如，《荆州古城保护条例》第 36 条第 2 款规定："违反本条例第十八条第五项规定的，由市文物部门责令限期恢复原状，造成严重后果的，处五万元以上五十万元以下罚款。"

第三，综合表述法。即将上述两种法律责任的表述方法同时使用，既列明条文序数，也描述违法行为，再对应设定行政处罚。可概括为"条文序数+违法行为+行政处罚"模式。例如，《宜昌市扬尘污染防治条例》第 27 条规定："违反本条例第十七条第二款规定，未对裸露地面采取覆盖、绿化、铺装或者硬化等扬尘污染防治措施的，由住房和城乡建设主管部门责令改正，处一万元以上五万元以下罚款……"

以上三种法律责任表述方法中，违法行为表述法是将禁止性、义务性规定转换成违反规定的表述，有可能出现偏离原意的弊端。条文序数对应法的表述方法的缺陷是不便于行政执法，执法人员要将条文前后对应起来看，才能知晓所设定的违法行为内容。综合表述法相对来说，最严密、最便于执法操作，建议地方立法中多采用此种表述方法。

（2）法律责任的设定。在地方性法规、政府规章中，法律责任的设定主要有下列两种类型：

第一，明确责任主体类。这是以违法行为主体为核心，设定法律责任，并设定相对应的行政执法主体和行政处罚种类和幅度。这是最常见的一种设定类型。例如，《孝感市 XX 河流域保护条例》第 49 条规定："违反本条例第二十六第二款规定，在禁养区内从事畜禽规模养殖项目的，由生态环境主管部门责令停止违法行为；拒不停止违法行为的，处三万元以上十万元以下罚款，并报县级以上人民政府责令拆除或者关闭。"

第二，指引条款类。对违反法规、规章规定的义务性规范、禁止性规范的行为，如果其上位法或者同位阶的特别法已有规定并设定了法律责任，可以直接作为承担法律责任的依据的，则该法规、规章不需要列明法律责任的各要素，只作一个概括性表述的指引性条款即可。该法规、规章只对创制性的规定设定法律责任。这意味着，对这类法律责任，不按照该法规、规章的规定执行，而是按照上位法和同阶位的特别法设定的法律责任执行。这在目前地方立法中是常见的情形。指引条款一般置于法律责任的前端。例如，《孝感市扬尘污染防治管理办法》第 36 条规定："违反本办法规定，在城市道路运输煤炭、垃圾、渣土、砂石、土方、灰浆等散装、流体物料的车辆未采取密闭或者其他措施防止物料遗撒的，由城市管理执法主管部门责令改正，并按《中华人民共和国大气污染防治法》第一百一十六条的规定进行处罚：……"

5. 附则部分

法的附则是法规范文本中作为总则、分则和法律责任的辅助性内容而存在的部分。主要内容包括：①关于专有名词、术语的定义；②关于制定实施细则的授权规定；③关于制定变通或参照执行的授权规定；④关于宣告有关法规范失效或者废止的规定；⑤关于新旧法规范之间适用衔接的规定；⑥关于施行日期的规定。附则是地方性法规、政府规章设章的情况下的最后一章，在不设章的情形下，以上内容也按顺序放在地方性法规、政府规章的最后。

关于专有名词、术语，往往不是一般的法律概念，而是专业术语或者专用名词，相对晦涩难懂，需要进行解释说明。例如，《遂宁市海绵城市建设管理条例》第五章附则第 36 条规定："本条例所称雨水年径流总量控制率，是指通过自然与人工强化的渗透、滞蓄、净化等方式控制城市建设下垫面的降雨径流，得到控制的年均降雨量与年均降雨总量的比值。"

关于制定实施细则的授权规定，是指人大授权政府以行政规范性文件的形式，制定更为细致的管理事项。例如，《宜昌市电动自行车管理条例》第六章附则第 30 条规定："市人民政府可以就电动自行车登记上牌和限期退出等事项，制定具体管理办法。"

关于宣告有关法规失效或者废止的规定，凡是采用废旧立新模式制定的新法规、政府规章，应当在附则中做出废止旧法的表述。例如，《孝感市扬尘污染防治管理办法》第五章附则第 41 条规定：" 本办法自 2022 年 1 月 20 日起施行。原《孝感市扬尘污染防治管理办法》（孝感市人民政府第 1 号令）同时废止。"

四、地方立法技术中法律责任的设置存在的问题及思考

地方立法技术中法律责任的设置是非常重要的内容，法律责任条款作为法律规范中的重要组成部分，应当严谨、周密、协调、明确和具体，但从我国已经出台的地方性法规、政府规章中的法律责任条款来看，却存在着不少问题，直接影响了地方立法的有效施行。

（一）法律责任条款的设置不够协调、不够衔接

具体表现为，地方立法与国家法律、行政法规和部门规章的法律责任条款互不衔接，地方性法规与地方政府规章的法律责任条款互相矛盾，同阶位的地方性法规之间设定的法律责任不一致甚至相互矛盾等。例如，《XX省防洪条例》第40条规定："违反本条例第十五条规定的，由县级以上人民政府水行政主管部门责令其停止违法行为……可以并处5000元以上5万元以下的罚款。"而在该省另外一部地方性法规《XX省河道管理条例》第22条中，对同一违法行为"破坏、侵占、损毁堤防、护岸、闸坝、排涝泵站、排洪渠系等防洪排涝工程"，作出的是"除责令其停止违法行为外，可视情节给予警告、采取补救措施，处以30 000元以下罚款；……"显然，在同一行政区域内，对同一违法行为依据不同的地方性法规作出处理，会带来不同的法律后果，这就增加了实际执法混乱和不公的风险。[1]

（二）法律责任条款与上位法重复

目前很多地方立法机关的立法活动照抄照搬上位法，往往是国家立法刚出台，地方随后就颁布实施国家立法的一些地方性法规。在立法项目上，盲目比照国家法律、行政法规，重复选题。在具体内容上，包括法律责任条款也是大量照抄照搬国家法律、行政法规的条款规定。其结果是使地方立法内容繁杂，缺乏地方特色，可操作性差，也造成立法上人力、财力、物力的浪费，严重影响了地方立法的质量和法制的统一。

在地方立法中，应该杜绝重复立法，照抄照搬上位法，避免地方立法"三世同堂""四世同堂"现象的发生，避免地方立法资源浪费，节约立法成本。

（三）法律责任条款中的执法主体不够明确

对地方立法来说，由于受到立法权限的限制，设定法律责任时，地方性法规、政府规章主要以设定行政责任为主，很少涉及刑事责任和民事责任。具体可以设定行政处罚和行政强制措施。行政处罚是保障行政机关执法和有效进行行政管理的重要手段。例如，《XX市扬尘污染防治管理办法》规定："违反本办法规定，有下列情形之一的，由城市管理执法、交通运输、水利和

───────────

〔1〕 武钦殿：《地方立法专题研究——以我国设区的市地方立法为视角》，中国法制出版社2018年版，第225页。

湖泊、自然资源和规划、生态环境主管部门依据职责分工，按照《XX省大气污染防治条例》第八十八条的规定进行处罚：（一）未在施工现场出入口设置车辆冲洗设施的；　（二）未按照规定在施工工地安装扬尘在线监测设施的……"此条法律责任的规定，行政处罚的执法主体未被明确指出，实际执法过程就容易造成执法混乱，执法机关互相推诿扯皮等现象的发生。

　　因此，在拟定法律责任条款时，应明确责任主体和执法主体。只有这样，才能保证地方立法的可操作性，法律规范才能得到真正的贯彻落实。

第五节　设区的市地方立法中法律责任制度的现状与完善

一、问题的提出

　　近年来，党中央、国务院提出了绿色发展的理念，对生态文明建设作出一系列重大部署。党的二十大报告指出，中国式现代化是人与自然和谐共生的现代化。2018年"生态文明入宪"，为生态环境治理现代化提供了更为充分的宪法依据。为了保护水资源，防治水污染，促进生态文明建设，作为全国性法律的《水法》《水污染防治法》陆续修订，2020年首部全国性流域法律《长江保护法》重磅出台。2015年修正的《立法法》开始赋予设区的市在环境保护方面的立法权限。

　　在中央全力推进生态文明建设的政策环境下，国家层面的法律法规及时跟进，地方立法也积极作出回应。2016年以来，新获立法权的设区的市纷纷开展地方立法活动，在生态文明建设地方立法领域取得了一定的成效。截至2023年12月，湖北省设区的市（州）制定了大量生态文明建设方面的地方性法规，其中数量上以水资源立法占绝对地位。法律责任制度是地方性法规中至关重要的内容，是法律运行的保障机制。[1]法律责任是指由于不履行法律所规定的义务，所应当承担的法律后果，以违法行为（包括作为和不作为的违法行为）的存在为前提。法律责任条款是设区的市（州）地方性法规的重要内容，通常以专章形式呈现在法规文本中。行使地方立法权的七年来，湖北省设区的市水资源地方性法规中法律责任制度的立法现状和运行状况如

---

〔1〕　张文显：《法哲学范畴研究》，中国政法大学出版社2001年版，第101页。

何？存在哪些问题？我们以湖北省 13 个设区的市（州）15 部水资源地方性法规为样本[1]，系统梳理了其法律责任的立法现状，旨在发现问题与不足，为地方立法法律责任制度的完善提供参考。

二、地方立法中法律责任制度的现状与问题

（一）法律责任的类型以行政法律责任为主

表 4-1　湖北省设区的市（州）水资源保护地方性法规中法律责任的内容分类

法律责任类型	条文数量	地方性法规所在市（州）
民事法律责任	3	宜昌、孝感、襄阳
刑事法律责任	17	宜昌、孝感、襄阳、荆州、恩施、咸宁、黄石、黄冈、鄂州、随州、武汉
行政法律责任	95	宜昌、孝感 、襄阳、荆州、恩施、咸宁、黄石、黄冈、鄂州、随州、武汉

从表 4-1 可以发现以下问题：

（1）设区的市地方立法中法律责任的三种类型以行政法律责任为主。通过对湖北省设区的市（州）15 部水资源法规条文进行统计，法律责任共有 115 个条款，民事法律责任有 3 个条款，占比 2.60%，刑事法律责任有 17 个条款，占比 14.80%，行政法律责任共 95 个条款，占比 82.60%。如图 4-1 所示。

图 4-1　法律责任类型

---

〔1〕《襄阳市汉江流域水环境保护条例》《宜昌市黄柏河流域保护条例》《荆州市长湖保护条例》《孝感市饮用水水源保护条例》《孝感市府澴河流域保护条例》《恩施土家族苗族自治州酉水河保护条例》《恩施土家族苗族自治州饮用水水源地保护条例》《咸宁市陆水流域保护条例》《黄冈市饮用水水源地保护条例》《鄂州市湖泊保护条例》《鄂州市长港河保护条例》《随州市城乡饮用水水源保护条例》《武汉市湖泊保护条例》《武汉市水资源保护条例》。

在样本中共有 95 个行政责任条款，行政主体的法律责任有 19 个条款，占比 20%，行政相对人的法律责任有 76 个条款，占比 80%。对于前者，大多数地方性法规有对国家机关及其工作人员的违法行为追究行政责任的规定，但多是笼统的表述。"违反本条例规定……依法给予行政处分。"这样的条款往往只有 1 条，且没有具体的行政处分规定，基本上直接适用上位法的规定。只有襄阳、孝感、鄂州、武汉等地极少数地方性法规区分不同的违法情形作了具体的规定，[1]更具有操作性，有利于对相关责任人进行追责。

（2）民事法律责任在地方性法规中数量较少，实践中也没有被作为执法的依据。在湖北省设区的市（州）15 部水资源法规中，法律责任共有 115 个条款，仅三部法规规定了 3 个民事责任条款（如图 4-1 所示），占比仅为 2.60%。在设区的市地方立法中，民事责任一般表述为"造成损失的，依法承担赔偿责任"。民事赔偿的直接依据是民法典，地方性法规一般不作为民事赔偿责任承担的法律依据，在实践中不具有实施的意义。

（3）刑事法律责任比民事法律责任条款数量多一些，但是在地方立法中不具有实质意义。在设区的市地方性法规中，对刑事责任通常作概括性的表述，"构成犯罪的，依法追究刑事责任"。[2]更多的是起到威慑作用，在实践中不具有实施的意义。

（二）违法行为多种多样，责任承担方式单一

经过对湖北省设区的市（州）15 部水资源保护法规中行政法律责任内容的归纳整理，梳理出 21 种违法行为，并将其分为 3 类（表 4-2）。

---

[1] 《襄阳市汉江流域水环境保护条例》第 35 条规定："国家机关、国有企业事业单位及其工作人员在水环境保护工作中，有下列情形之一的，由有权机关依法对相关责任人员给予行政处分：（一）环境保护和有关行政主管部门违法批准禁止性建设项目、违法作出行政许可、不履行或怠于履行法定职责的，对其主要责任人给予相应行政处分；（二）环境保护和有关行政主管部门执法人员不履行职责，或者滥用职权、徇私舞弊、玩忽职守的，给予相应行政处分；（三）国有企业事业单位因违反相关法律、法规受到责令停止生产建设、吊销有关证照等行政处罚的，对其主要负责人和直接责任人给予相应行政处分。"

[2] 张春莉：《论设区的市地方立法中"法律责任"的设定权》，载《江汉论坛》2018 年第 12 期。

表4-2　湖北省设区的市（州）水资源保护地方性法规中的违法行为及分类

违法行为类别	具体的违法行为描述	法规所在的市、州	责任承担方式
破坏水资源生态环境（包括11种具体违法行为）	在流域内使用剧毒、高毒、高残留农药	宜昌、孝感、随州、恩施、咸宁、黄石、黄冈、武汉	警告、责令停止违法行为，并处罚款
	在饮用水水源保护区内设置排污口	恩施、鄂州、黄冈、武汉	责令限期拆除，并处罚款，代履行
	在饮用水水源保护区内设立装卸垃圾、油类和其他有毒有害物品的码头、新建集中居住区	孝感、襄阳、恩施、黄石	责令停止违法行为，限期改正，并处罚款
	向水体排放、倾倒工业固体废物、生活垃圾和其他污染物	孝感、襄阳、恩施、黄石、武汉	责令停止违法行为，限期采取治理措施，并处罚款
	在水体清洗装贮过油类、有毒有害污染物的车辆、容器	荆州、黄石	责令停止违法行为，限期采取治理措施，消除污染，并处罚款
	私设暗管，篡改、伪造监测数据，采取其他规避监管的方式排放水污染物	随州、恩施	责令限期拆除，并处罚款
	未经批准在穿越饮用水水源保护区的道路上运输剧毒化学品、危险化学品	恩施	责令改正，并处罚款
	在流域内生产、销售含磷洗涤用品	咸宁	责令停止违法行为，没收违法所得，并处罚款
	在流域保护区内建造坟墓	随州、恩施、黄石、黄冈	责令限期改正，并处罚款
	在流域保护区内丢弃、掩埋动物尸体	随州、恩施、黄石、黄冈	责令限期改正，并处罚款

违法行为类别	具体的违法行为描述	法规所在的市、州	责任承担方式
不合理利用水资源（包括5种具体违法行为）	在流域保护区内从事畜禽养殖、放牧、餐饮、住宿经营等可能污染水环境活动	宜昌、孝感、襄阳、随州、荆州、恩施、咸宁、黄石、鄂州、武汉	责令停止违法行为，恢复原状，没收违法所得，并处罚款
	在流域重点保护区内新建、扩建建设项目、畜禽养殖场	宜昌、恩施、黄石、黄冈、鄂州	责令停止违法行为，并处罚款
	未经批准在流域内开展采砂、采石、取土等活动	宜昌、襄阳、恩施、咸宁、黄石、黄冈、鄂州	责令停止违法行为，没收违法所得，并处罚款
	在流域保护区内进行捕捞、垂钓、游泳、洗衣、洗车	襄阳、恩施、随州、黄石	单处罚款；责令停止违法行为，并处罚款
	未经批准擅自取水或未按照批准条件取水	武汉	责令停止违法行为，并处罚款，吊销取水许可证

从表4-2中可以发现，在设区的市15部地方性法规中，共有约21种违法行为，大致分为3类违法行为，其中，破坏水资源生态环境类违法行为包括的具体违法行为种类最多，有11种，其次为不合理利用水资源类违法行为包括的具体违法行为种类，有5种。主要问题表现为：一是各地对违法行为的种类规定不一，差别较大。例如，同样作为水资源法规，有的地方性法规规定了多达近20种违法行为需要承担法律责任，而有的地方性法规仅对3种违法行为进行制裁。二是纵向上看，部分违法行为的设定与上位法相冲突。三是横向上与同位法相比较，同样的违法行为所承担的法律责任存在差异。例如，破坏水源涵养林、植被的违法行为，黄石市、黄冈市、恩施土家族苗族自治州的法规除了责令补种树木之外，还处以罚款处罚，而在《武汉市水资源保护条例》中只规定责令停止违法行为，限期恢复原状，并没有罚款的规定。另外，违法行为表现为多样性，而责任承担方式却呈现出以罚款为主的单一性。如图2所示。

（三）法律责任的承担方式以罚款为主，罚款数额差异大

水资源法规法律责任通常适用多种行政处罚方式，其中，警告适用得最少，在 15 部水资源法规 115 个法律责任条款中仅 3 部法规有处以警告的规定，[1] 警告条款占比 2.60%。责令停止违法行为、限期改正适用得较多，适用最多的处罚种类是罚款。通过对湖北省设区的市（州）15 部水资源法规条文进行统计，在共计 115 个法律责任条款中，规定罚款的条款有 75 条，罚款条文占比 65.22%。如图 4-2 所示。

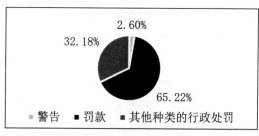

图 4-2　水资源法规法律责任中行政处罚种类

例如，针对"未经批准在流域内实施采砂、采石、取土等活动"，共有 6 个设区的市（州）水资源保护法规规定了罚款，而且罚款的数额相差较大（宜昌市针对单位的罚款数额为 2 万元以上 20 万元以下；恩施土家族苗族自治州的罚款数额为 1 万元以上 5 万元以下；黄冈市的罚款数额为 1 万元以上 3 万元以下，或者并处违法所得 20% 以上 50% 以下的罚款；鄂州的罚款金额为非法所得 50% 以下）。同样针对非法采砂、采石、取土等违法行为，恩施土家族苗族自治州的罚款数额相对较低，宜昌市、襄阳市的罚款数额相对较高。另外宜昌市、襄阳市和恩施土家族苗族自治州采用了定额式罚款方式，黄冈市、鄂州市和咸宁市采取了倍率式罚款设定方式，与定额式罚款方式相比，倍率式更为科学灵活。倍率式以货值金额或者违法所得为基数，按基数的倍

---

〔1〕《恩施土家族苗族自治州饮用水水源地保护条例》第 34 条规定，"在集中式饮用水地表水源准保护区内，使用剧毒、高残留农药的，给予警告，责令改正"。《咸宁市陆水流域保护条例》第 54 条规定，服务业经营者以及工业企业使用含磷洗涤用品的，由生态环境主管部门予以警告，责令停止使用，处 2 千元以上 1 万元以下罚款；情节严重的，处 1 万元以上 3 万元以下罚款。《黄冈市饮用水水源地保护条例》第 40 条规定，在分散式饮用水水源保护区内使用剧毒、高毒、高残留农药（含除草剂）的，由农业主管部门给予警告，责令改正……

数或比例数来确定罚款额度，其中基数是一个变量，基数越大，违法情节越
严重，据以确定的罚款数额就越高。

（四）法律规范之间存在一定的竞合

近年来，国家和地方对生态环境保护尤为重视，制定了大量的水资源保
护法律法规。作为湖北省设区的市（州）水资源地方性法规，其上位法具体
包括《水污染防治法》《环境保护法》《水法》《长江保护法》《湖北省水污
染防治条例》《湖北省湖泊保护条例》《湖北省城镇供水条例》等。按照《立
法法》的要求，对上位法已经明确规定的内容，地方性法规一般不作重复性
规定。这里的"一般不重复上位法的规定"，对地方性法规的制定提出了总体
要求，除非需要特别强调的违法情形。实践中，地方立法还是会出现照抄照
搬上位法的情形，应当尽量避免不加区分地重复上位法的规定。例如，《水污
染防治法》规定："在饮用水水源保护区内设置排污口的……处十万元以上五
十万元以下的罚款……"武汉市、恩施土家族苗族自治州在其饮用水水源保
护条例的法律责任条款设定上，针对非法设置排污口的违法行为，其处罚方
式、罚款数额基本上重复了上位法的规定。

（五）法律规范之间存在一定的冲突

设区的市地方性法规的法律效力位阶低，上位法数量庞大。《行政处罚
法》规定，上位法已作出行政处罚规定的，地方性法规只能在行政处罚的行
为、种类和幅度的范围内规定。因此，对上位法规定的处罚幅度，地方性法
规既不能低于其下限，也不能高于其上限。例如，《水污染防治法》规定，未
依法取得排污许可证排放水污染物的，处 10 万元以上 100 元以下的罚款。
而《黄冈市饮用水水源地保护条例》规定，向水体排放垃圾、污水等可能
污染水体的物质的……并处 2 万元以上 20 万元以下的罚款。此处，下位法
的罚款额度上限为 20 万元，没有超越上位法 100 万元罚款上限的规定。但
实质上看，2 万元的罚款下限低于上位法 10 万元的下限，是不符合上位法
规定的。

另外，同一位阶的法律针对同样的违法行为，承担的法律责任却不一致，
这种"法律打架"现象也应当尽量避免，否则会使法律效力层级低的地方性
法规无所适从。例如，2016 年修正的《水法》对在饮用水水源保护区内设置

排污口的违法行为，处 5 万元以上 10 万元以下的罚款。[1]然而 2017 年修正的《水污染防治法》的罚款数额为 50 万元以上 100 万元。[2]显而易见，针对同样的违法行为，《水法》和《水污染防治法》两部法律存在冲突，这样会给地方性法规的制定带来一定的困惑。武汉市在水资源保护条例中选择适用了《水污染防治法》，但是显然与《水法》的相关规定是不一致的。

三、设区的市地方立法中法律责任制度的完善路径

法律责任条款是地方立法的重要内容，也是设区的市（州）行使水资源保护执法权的法律依据和有效方式。基于湖北省设区的市（州）制定的 15 部水资源地方性法规的实证分析，要完善地方立法的法律责任制度，宏观上要严格遵循法律责任制度设定的基本原则，微观上可以从规范行政相对人的法律责任，细化行政主体的行政责任，科学设定违法行为，统筹适用行政处罚种类，规范适用失信惩戒措施，不简单重复上位法以及提高地方立法技术等几个方面进行努力。

（一）设区的市地方立法中法律责任制度的基本原则

1. 合法性原则

合法性原则是地方立法法律责任制度的首要原则，设区的市地方性法规中法律责任的设置必须以法律为依据。违法者承担的法律责任要有法律上的明文规定，法律没有规定的就不能追究责任，这是社会主义法治的重要原则。具体而言，地方性法规法律责任的设定，要遵循以下合法性原则的要求。首先，法律责任的设置依据上，不能与上位法相抵触，不同宪法、法律、行政法规和本省、自治区的地方性法规相抵触。其次，法律责任设置内容上，要遵循《立法法》第 11 条和《行政处罚法》第 12 条[3]的相关规定，不能超

---

　　[1]《水法》第 67 条第 1 款规定："在饮用水水源保护区内设置排污口的，由县级以上地方人民政府责令限期拆除、恢复原状；逾期不拆除、不恢复原状的，强行拆除、恢复原状，并处五万元以上十万元以下的罚款。"

　　[2]《水污染防治法》第 84 条第 1 款规定："在饮用水水源保护区内设置排污口的，由县级以上地方人民政府责令限期拆除，处十万元以上五十万元以下的罚款；逾期不拆除的，强制拆除，所需费用由违法者承担，处五十万元以上一百万元以下的罚款，并可以责令停产整治。"

　　[3]《行政处罚法》第 12 条第 1 款规定："地方性法规可以设定除限制人身自由、吊销营业执照以外的行政处罚。法律、行政法规对违法行为已经作出行政处罚规定，地方性法规需要作出具体规定的，必须在法律、行政法规规定的给予行政处罚的行为、种类和幅度的范围内规定。法律、行政法规对违法行为未作出行政处罚规定，地方性法规为实施法律、行政法规，可以补充设定行政处罚。……"

越地方性法规的立法权限。最后，法律责任的实施机关和程序也要合法。只有法定的国家机关才能在职权范围内依法追究违法者的责任。需要注意的是，在地方立法实践中，法律责任的实施机关不仅应当合法，而且应当明确具体。不能简单笼统地表述为，由相关行政机关依各自的职责追究违法者的法律责任。法律规定的行政法律责任当然同样也要约束执法人员，执法人员在追究违法行为人的法律责任时，应当严格依法行政，超出法律规定的执法，同样也构成违法。另外，必须依据法律程序依法追究违法者的法律责任。

从我国目前的实际情况看，由于法律或行政法规在法律责任方面的规定不够具体，以至各级地方立法都作了许多法律责任的规定，特别是对行政相对人的制裁性法律责任的设置，设区的市地方性法规法律责任的设置要严格遵循合法性原则。

2. 法律责任与违法程度相适应的原则

法律责任与违法程度应当相适应，追究法律责任无论是偏重或偏轻，都会带来不良的社会后果。法律责任偏重会损害违法人的合法权益，法律责任过轻将损害国家的利益。针对轻微的违法行为，应当以教育为主，制裁为辅，需要严厉制裁的违法行为，责任方式就不能"不痛不痒"。行政法律责任一般在种类、幅度等方面都给予执法者以自由裁量权，由执法者根据违法者过错的严重程度和社会危害的轻重，以及当时的客观形势和具体情况，作出适当的选择。因此，作为行政执法的法律依据，法律责任的设置要科学合理，符合比例原则，避免轻重失衡。同时也要加强执法者的法律意识和执法水平，尽可能细化责任幅度，减少执法机关自由裁量权过大而给违法行为人造成利益损害的情况。

3. 惩罚与教育相结合的原则

地方立法法律责任的承担方式以行政处罚为主，法律责任条款通常被称为"罚则"。传统观点认为，行政处罚是一种以惩戒违法为目的的具有制裁性质的具体行政行为。[1]《行政处罚法》在概念界定上，最终选择了"惩戒"一词的表述，说明制裁并非行政处罚的根本目的，也印证了行政处罚兼具处罚和教育功能。行政处罚除了惩罚当事人，还要体现通过处罚对当事人予以教育并告诫其避免再犯的价值和功能。行政违法主要属于秩序违反行为，本质

---

〔1〕 罗豪才、湛中乐主编：《行政法学》，北京大学出版社 2012 年版，第 229 页。

上并不具有重大的损害性与社会危险性，不能平移适用刑法上的报应主义。[1]惩罚是在充分地进行教育仍然无效的情况下采取的措施，惩罚的目的是教育。重惩罚轻教育，或者"以罚代管"都是与社会主义法治精神格格不入的。湖北省虽然是"千湖之省"，但水资源也是极其有限的，水资源一旦遭受污染破坏，其后果往往是不可逆转的。与其一味地惩罚，不如通过教育当事人、警醒世人，唤起全体成员珍惜生态资源、保护环境的共同心愿，使我们赖以生存的绿水青山常驻。

（二）设区的市地方立法中法律责任条款设置的具体措施

1. 法律责任的设定以行政法律责任为主，细化行政主体的行政责任

一般认为，地方立法更注重对行政管理的规制，大部分地方性法规属于行政管理法。[2]《立法法》规定，"犯罪与刑罚"属于全国人大及其常委会的专属立法权。因此，地方立法不存在创设刑事法律责任的立法空间。目前，地方立法法律责任条款常见的"违反本条例……构成犯罪的，依法追究刑事责任"的规定，充其量只是在形式上对刑法规定予以重复和强调。

地方立法中关于民事责任的设定，学术界的一般观点也认为不宜过多涉及民事责任。原因在于，地方性法规所涉及的民事活动，大多已经有上位法规定。《立法法》规定"民事法律制度"属于法律专属立法事项。因此，地方立法者在地方立法中设定民事责任条款时多采取谨慎态度。[3]例如，依据上文统计，在湖北省设区的市（州）制定的15部水资源地方性法规中，仅有三部法规规定了3个民事责任条款。但也有地方立法者持不同观点，认为地方性法规法律责任也应当设置民事责任条款，理由是对违法者仅仅处以非财产罚的行政处罚或者小额的财产罚，不足以弥补对地方政府造成的经济损失。我们赞同学术界的一般性观点，地方性法规不宜过多涉及民事责任，既是立法法中法律保留原则的要求，实践中也不具有可操作性和实效性。

地方立法中的行政法律责任具体又分为两类：行政主体的法律责任和行政相对人的法律责任。目前，行政主体的行政责任散见于《公务员法》《监察

---

〔1〕　陈兴良：《论行政处罚与刑罚处罚的关系》，载《中国法学》1992年第4期。

〔2〕　阮荣祥、赵泓主编：《地方立法的理论与实践》，社会科学文献出版社2011年版，第420页。

〔3〕　毕可志：《论完善对地方立法中法律责任的设定》，载《河南省政法管理干部学院学报》2004年第1期。

法》《公职人员政务处分法》《国家赔偿法》等法律法规之中，国家层面并无专门规制行政责任及其设定权的法律法规。对于违法实施行政行为或者行政不作为，应当承担怎样的法律责任，地方立法在此方面完全可以也应当有所作为。就湖北省设区的市（州）制定的 15 部水资源地方性法规来看，绝大多数法规仅用 1 个—2 个条款作出了规制，但不够具体明确，多采用宣示性的条款表述模式，而非可操作性强的概括引证式。[1] 即"违反本条例规定，依法给予行政处分"。虽然，少数地方性法规在设定行政责任时，采用了列举引证式的条款表述模式，即"违反本条例规定，有下列行为之一的，依法给予处分"。但总体上，地方性法规中行政主体的行政责任条款设定比较稀缺，也亟待细化责任。

2. 科学设定违法行为

法律规范的逻辑结构为：行为模式（构成要件）与法律后果。[2] 在地方立法法律责任条款中，行为模式是必不可少的组成部分，规定人们的行为方式。法律规范的行为模式分为三种：可以为、应当为和禁止为。在设区的市地方性法规的法律责任条款中，行为模式具体表现为违法行为。纵向上来看，违法行为的设定应当充分考虑上位法是否已经作出了规定，若已经存在专门法律，则在地方立法中不宜重复。

正确理解《行政处罚法》中行政处罚设定权的有关规定，是地方立法工作的重难点。《行政处罚法》第 12 条第 2 款沿袭了旧法的规定，地方性法规中行政处罚设定权的空间较小，不享有一般性的违法行为设定权。《行政处罚法》第 12 条第 3 款，是新法修订的重大变化之一，增设了地方性法规行政处罚补充设定权。从中可以看出，立法者在坚持严格限定地方性法规行政处罚设定权的同时，也在审慎适度放权。

为了科学设定地方立法法律责任中的违法行为及其法律后果，结合修改后的《行政处罚法》第 12 条的规定，可以从两个方面来理解。一是没有上位法的情况。在某行政管理领域没有上位法的情况下，地方性法规可以规定该行政管理领域的违法行为及处罚，这是没有争议的。二是有上位法的情况。针对上位法对违法行为已经作出行政处罚规定，地方性法规不得增加规定其

---

[1] 宋晓玲：《行政责任设定权探析》，载《西部法学评论》2022 年第 5 期。
[2] 舒国滢：《法学基本范畴研究：法律规范的逻辑结构》，载《浙江社会科学》2022 年第 2 期。

他处罚种类，对上位法规定的处罚幅度，地方性法规既不能低于其下限，也不能高于其上限。[1]关于新行政处罚法增设的行政处罚补充设定权，是指上位法对违法行为未作出行政处罚规定，地方性法规可以补充设定行政处罚。例如，如果上位法作了义务性或禁止性规定，但未规定相应行政处罚的，为了有效促使当事人为或者不为一定行为，地方性法规可以对违反义务性或禁止性规定的行为补充设定行政处罚。

《行政处罚法》增设地方性法规行政处罚补充设定权，其意义重大，可以看作是为地方立法进行了适度松绑，客观上进一步扩大了地方立法权，以回应设区的市地方立法的现实需求。既然是放权，设区的市地方立法也应当用好此项权力，适当放开手脚，在以往可能涉嫌与上位法相抵触、缺乏上位法依据的情形，依据新行政处罚法的规定，行使地方性法规行政处罚补充设定权，即可消弭立法障碍。

3. 统筹适用行政处罚的种类

水资源法规法律责任通常适用的行政处罚种类有：警告、通报批评、罚款、没收违法所得等。警告是行政处罚中最轻的一种，一般用于较为轻微、对社会危害程度不大的违法行为。[2]通报批评是新增加的行政处罚种类，作为声誉罚的一种，有时会具有比其他处罚形式更重的处罚效果，对违法行为人威慑力更重，地方立法可以考虑选择适用通报批评。

罚款是实践中运用最广的行政处罚种类。目前，地方立法普遍采用"定额式""倍率式"设定罚款，这有助于提升罚款的明确性和可操作性。定额式（数值式）罚款具有规则明确、便于掌握的优势，在环境行政罚款中占据绝大多数。其弊端也显而易见，固定的数额上限无法保证违法成本高于守法成本或违法收益，也难以适应市场价值的指数变化。倍率式罚款具有一定的不法利益追缴功能，它以违法收益基准和倍率相乘来计算罚款，在一定程度上考虑了罚款数额与违法行为危害或不法利益之间的关系，但仍存在局限。它只能针对特定的违法行为和环境利益，适用面较为狭窄，实际上也难以穷尽形

〔1〕　张晓莹：《行政处罚的理论发展与实践进步——〈行政处罚法〉修改要点评析》，载《经贸法律评论》2021 年第 3 期。
〔2〕　许安标主编：《中华人民共和国行政处罚法释义》，中国民主法制出版社 2021 年版，第 49～51 页。

形色色的不法利益。[1]罚款应足以追缴相对人由违法行为所获之不法利益,即应该确保违法成本大于守法成本且罚款比违法所得高。[2]综上,罚款的具体设定,应综合考虑具体的违法情形,科学选择适用定额式或倍率式罚款。另外,对于罚款数额的设定也要与本地经济发展水平相适应。例如,在不同地区的水资源法规中,地处不发达地区的恩施土家族苗族自治州与省会武汉市相比,在罚款数额的设置上就应当因地制宜,有所区分。

2021 年修订的《行政处罚法》增加了行政处罚种类,客观上扩大了地方立法权。设区的市地方性法规,可以根据违法行为的情节、危害结果轻重,结合实际情况,在权限范围内、在法定的行政处罚种类中选择适用具体的处罚方式。比如,对于一般的违法行为,通过适用警告、罚款等处罚方式就可以实现制止违法的目的。但对于一些严重的违法行为,有必要对违法者处以降低资质等级、限制开展生产经营活动、责令关闭、限制从业等行政处罚,才能形成有效震慑,实现行政管理的目的。

4. 规范适用失信惩戒措施

地方立法实践中,鉴于"警告"显得"不痛不痒","罚款"设定不科学导致威慑力不足,"没收违法所得"的惩罚性不强,而"吊销营业执照和行政拘留"在设定权上严格受限,地方立法无权设定。一些具有行政处罚性质的新型行政管理措施因应行政管理实践的需要不断涌现,失信惩戒措施引起广泛关注。《行政处罚法》未将失信惩戒措施纳入行政处罚种类,一方面是因为失信惩戒措施性质复杂,并不都属于行政处罚,另一方面是因为,实施主体复杂,实施惩戒不是在一个领域由一个行政主体实施,而是多部门、多领域的联合信用惩戒。另外,未来将有专门的法律对失信惩戒制度进行统一规范。据悉,社会信用方面的立法已列入第十三届全国人民代表大会常务委员会立法规划中的三类立法项目,失信惩戒措施作为社会信用管理的重要制度,更有利于社会信用管理体系的构建和对失信惩戒制度的有效约束。未来失信惩戒制度专门立法,将会从规范失信主体名单认定标准、认定程序、依法确定失信惩戒措施、保障相对人的合法权益、修复与救济等几个方面的内容进行

---

[1] 谭冰霖:《环境行政处罚规制功能之补强》,载《法学研究》2018 年第 4 期。
[2] 徐向华、郭清梅:《行政处罚中罚款数额的设定方式——以上海市地方性法规为例》,载《法学研究》2006 年第 6 期。

全面规制。

　　水资源地方性法规的法律责任，以罚则为主要内容，彰显了环境行政处罚的主要功能，即法律威慑、风险预防和生态恢复。针对已知的常规环境危险，通过处罚的威慑作用，吓阻潜在的违法行为，提前采取处罚措施处理不确定性的环境风险，预防难以逆转的生态环境损害，从救济角度修复受损的生态环境系统，避免环境退化。基于以上功能，水资源地方性法规法律责任的设置比较适合采用失信惩戒措施，考察湖北省设区的市（州）制定的15部水资源地方性法规，目前仅有《武汉市湖泊保护条例》采用了一定的失信惩戒措施，对违反湖泊保护法律、法规的行为予以记录。水资源地方性法规的法律责任，未来可以更多地考虑失信惩戒措施，从而更好地起到预防环境风险，威慑违法行为发生的社会功能。

　　5. 不简单重复上位法，增强可操作性

　　地方立法如果只是一味照搬上位法的规定，将难以满足地方法治建设的需要，不同地方出现的多种多样的违法行为难以得到惩处。上位法的法律责任是针对全国、全省普遍情况而设定的，但到了设区的市一级，由于经济发展水平、地理环境、气候特点、土壤等自然条件不一，水资源领域违法行为的具体情形也有较大差异。客观上要求法律责任条款也要体现出地方特色，与地方经济发展和地理环境条件相适应。

　　6. 提高地方立法技术，完善法律责任条款

　　实践中，法律责任的表述方法主要有下列三种：

　　第一，违法行为表述法。即明确表述违法行为，相对应地设定行政处罚种类和幅度，可概括为"违法行为+行政处罚"模式。例如，"违反本条例规定，在饮用水水源一级保护区内停靠与保护水源无关的船舶的，由交通运输主管部门责令驶离；拒不改正的，处2000元以上1万元以下罚款"。

　　第二，条文序数对应法。即直接引用法律规范中设定禁止性规范、义务性规范的条文序数，再相对应地设定行政处罚种类和幅度。可概括为"条文序数+行政处罚"模式。例如，"违反本条例第十八条规定的，由公安机关责令改正，处五万元以上十万元以下罚款"。

　　第三，综合表述法。即将上述两种法律责任的表述方法同时使用，既列明条文序数，也描述违法行为，再对应设定行政处罚。可概括为"条文序数+违法行为+行政处罚"模式。例如，"违反本条例第十三条第一款规定，从事

畜禽养殖、放牧、餐饮经营等可能污染水环境活动的，可以并处 1000 元以上 1 万元以下罚款"。

以上三种法律责任表述方法中，违法行为表述法是将禁止性、义务性规定转换成违反规定的表述，有可能出现偏离原意的弊端。条文序数对应法的表述方法的缺陷是不便于阅读、查阅，需要将条文前后对应起来阅读，才能知晓所设定的违法行为具体内容。综合表述法既有条文顺序，又详细描述了违法行为，相对来说最严密、最便于执法操作，地方立法实践中多采用此种表述方法。

结　语

法律责任是设区的市（自治州）地方性法规的重要内容，通常以专章形式呈现在法规文本中。依法、科学设定法律责任，对提高地方性法规的立法质量，提升地方治理能力现代化水平有着积极的推动作用。湖北省设区的市除了武汉市和恩施土家族苗族自治州以外，其他设区的市均是从 2016 年开始启动地方立法，立法经验相对不足。从湖北省现有水资源保护地方立法实践来看，市级地方性法规法律责任条款的设计还存在诸多问题，需要在今后立法实践中加以克服。

第六节　流域协同立法研究

区域协同立法是 2023 年《立法法》修正后新增加的重要内容之一。针对流域生态治理的综合性特点，通过区域间协同立法，制定相应的法律规范对流域生态环境进行综合治理，实现流域环境的绿色发展是目前学术界的研究重点。随着国家层面对大江大河流域立法的不断推进，我国地方流域立法也取得重大进展。湖北省陆续颁布了有关流域治理的省级、市级地方性法规，对流域生态环境进行综合性治理。当前地方流域协同立法仍面临着诸多问题：理论层面缺乏明确具体的协同立法理念和依据，在实践中存在协同立法机制、程序形式化等问题。以府澴河流域协同立法为切入点，通过对地方流域协同立法的现状、实践成果进行梳理分析，从流域协同立法理念、协同立法机制、程序、内容等方面积极探索并构建流域协同立法的实施路径，加快推进地方流域协同立法进程。

一、流域协同立法的理论基础

（一）区域协同立法的内涵

党的十八大以来，区域协调发展战略上升为国家战略，成为统筹推进"五位一体"总体布局、协调推进"四个全面"战略布局和全面贯彻落实新发展理念的重大战略部署。有必要以法治视野，从制度供给视角对区域协同立法的内涵、运行模式及其程序要求以及配套机制等问题展开全面系统的研究，从而保证区域协同立法在法治轨道上运行。区域协同立法在性质上是一种地方立法，"协同"的意思是两个或两个以上的不同主体相互配合、相互协助完成一个项目的过程。区域协同立法，是不同地方立法机关相互配合、相互协助完成特定立法任务的过程。其中至少应当存在两个或两个以上立法主体，中央统一立法，只有一个立法主体，不符合"不同主体相互配合、相互协助"的协调要求，并不属于区域协同立法。因此，区域协同立法的概念可以界定为，不同地方立法机关相互配合、相互协助完成特定立法任务的地方立法活动。[1]

（二）流域协同立法的内涵

流域是由分水线所包围的水系干流和支流的集水区域，具有整体性和系统性特征以及公共产品属性。[2]流域治理必须考虑其在跨行政区域事务中的整体性、系统性、不可分割性，采取协同立法的效果要远远大于单独立法。流域协同立法是基于特定自然生态区域的江河、湖泊流域的立法，目的在于保护流域的自然生态环境，也包括促进流域内所辖区域的经济与社会绿色发展的内容。流域协同立法往往会涉及多个行政区域，可以是中央立法也可以是地方立法，如国务院制定的《淮河流域水污染防治暂行条例》属于中央立法，上海、江苏、浙江"两省一市"人大常委会制定的《XXX促进长三角生态绿色一体化发展示范区高质量发展条例》就是地方立法。一般而言，大的江河、湖泊的流域立法往往会跨越多个省级行政区划，通常为中央立法。省内的河湖流域立法，通常为地方立法。就湖北省而言，其素有"千湖之省"

---

〔1〕　朱最新：《区域协同立法的运行模式与制度保障》，载《政法论丛》2022年第4期。

〔2〕　邢华：《跨域合作治理：府际关系与机制选择》，中国人民大学出版社2023年版，第171页。

的美誉，以长江、江汉、清江以及府澴河、内荆河等 38 条重要入江支流等为代表的湖北水系，滋养了 6000 多万湖北人民，目前，湖北省内跨行政区流域协同立法正在积极开展，2023 年，荆州、荆门的《XXX 长湖保护条例》已经颁布施行。2024 年 11 月 29 日，《武汉市府澴河流域保护条例》《孝感市府澴河流域保护条例》《随州市府澴河流域保护条例》同获湖北省人大常委会批准，三部条例将于 2025 年 3 月 1 日同步施行。

（三）流域协同立法的理论依据

1. 合法性

2022 年修正的《地方各级人民代表大会和地方各级人民政府组织法》第 10 条、第 49 条和第 80 条以及 2023 年修正的《立法法》第 83 条，为区域协同立法提供了合法性的规范依据。《地方各级人民代表大会和地方各级人民政府组织法》第 10 条、第 49 条明确规定，省级人大及人大常委会、设区的市的人大及常委会根据区域协调发展的需要，可以开展协同立法。第 80 条规定，县级以上地方政府根据区域发展战略，共同建立跨行政区划的区域协同发展工作机制。新修正的《立法法》第 83 条也作出相应的规定，省级人大及人大常委会、设区的市的人大及人大常委会根据区域协调发展的需要，可以协同制定地方性法规。省、设区的市（自治州）可以建立区域协同立法工作机制。因而，基于协调推进"四个全面"战略布局的要求，区域协同立法为满足新时代区域协调发展提供了坚实的法治保障。

2. 合政策性

在党和国家政策层面，区域协同立法是在深入推进区域协调发展战略的时代背景下提出的。2017 年，党的十九大报告把区域协调发展上升为国家七大战略之一。2022 年，党的二十大报告强调"加快构建新发展格局，着力推动高质量发展"，指出要"着力推进城乡融合和区域协调发展，推动经济实现质的有效提升和量的合理增长""深入实施区域协调发展战略"。2021 年 11 月，《中共中央关于新时代坚持和完善人民代表大会制度、加强和改进人大工作的意见》（中发〔2021〕39 号）提出："建立健全区域协同立法、流域立法、共同立法工作机制。"党的二十届三中全会进一步强调"探索区域协同立法"，这将会倒逼地方立法主体在立法理念上从"各自为政"向"协同并进"转变，通过加强跨区域立法协同，有效破解地方立法碎片化、同质化问题，提升立法的科学性、针对性和实效性，为区域经济社会一体化发展提供坚实的法治保障。

2021 年 12 月，《中共湖北省委关于新时代坚持和完善人民代表大会制度、加强和改进人大工作的实施意见》（鄂发〔2021〕28 号）提出："突出引领和保障高质量发展加强经济领域立法，突出制度完备加强生态领域立法""健全立法联动和省内省际协同立法工作机制"。党和国家、湖北省委省人大高度重视区域协调发展，从政策方面积极推动和引导，进一步为地方流域协同立法奠定了良好的合政策性基础。

3. 实现区域高质量发展、生态环境协同治理的客观需要

我国幅员辽阔，省、市、县域经济发展程度不一、水资源分布不平衡，实现区域高质量发展，需要地区经济和环境的协同治理。实现流域、区域高质量发展，根本途径在于经济的"绿色化"。[1]跨界流域综合治理，需要对流域环境优化作出贡献的地区和个人进行利益补偿，对其给予经济激励和经费保障。利益补偿是生态补偿的有机组成部分，流域治理协同立法的一个重要功能就是针对流域供水区的利益受损者，按照协同立法设定的条件和标准进行补偿，以地方性法规的形式明确跨界流域治理利益补偿机制并保障其实施。因此，流域协同立法能够促进流域环境的保护与经济的协同发展，实现区域高质量发展。流域协同立法是推进流域沿线各省市协调发展、实现共同富裕的重要法治保障，实现区域协调发展和共同富裕是流域协同立法的根本目标。[2]

二、流域协同立法的实践发展

（一）国家层面的流域立法实践

2020 年 12 月，全国人大常委会审议通过《长江保护法》，2022 年 10 月，全国人大常委会审议通过《黄河保护法》。在长江流域、黄河流域已经出台专门性立法的大背景下，我国流域立法已成为当前立法的重点领域之一，进入整体发展的新时代。我国出台的流域立法规范整体较多，具体来说，国家法

---

〔1〕 邵莉莉：《流域生态补偿的共同立法构建——以京津冀流域治理为例》，载《学海》2023 年第 6 期。

〔2〕 何俊毅：《流域协同立法的规范建构与机制保障》，载《现代法学》2024 年第 3 期。

律层面主要有 2010 年修订的《水土保持法》、2016 年修正的《水法》《防洪法》、2017 年修正的《水污染防治法》。上述国家层面的流域立法，虽然涉及了我国水资源的开发、保护、利用、流域水污染防治、流域防洪、水量调度等内容，但是，我国幅员辽阔，河流、湖泊众多，对于跨越多个省市行政区的流域，现有立法多局限于流域的某一行政区，而非着眼于整个流域，由此便导致了"科层制"的流域管理实践与流域所具有的系统性特点不相符合。[1]目前除了长江流域、黄河流域外，其他跨越省市行政区域的流域立法，多以行政区为单位进行"分割"管理，这便导致了无法对流域进行整体性保护与系统性治理。

（二）省际流域协同立法的实践

2015 年，京津冀三地人大常委会联合出台《关于加强京津冀人大协同立法的若干意见》，意见指出构建与京津冀一体化发展相互适应、相互促进的协同立法机制，加强重大立法项目联合攻关，建立三地轮流负责的京津冀协同立法组织保障机制。2017 年 2 月，京津冀人大通过了《京津冀人大立法项目协同办法》，规定三方在拟定立法规划、立法计划时，分别提出需要三方协同的立法建议项目，建立信息通报机制。此后又通过了《京津冀人大法制工作机构联系办法》《京津冀人大立法项目协同实施细则》等规范性文件，在协同立法的具体运作上进行全程沟通，在立法宗旨、内容、法律责任等方面谋求共识、实施联动。在此基础上，形成了关于京津冀协同推进大运河文化保护传承利用的决定等区域协同立法成果，为京津冀生态环境协同立法提供了有益的指引。

近年来，在省际流域协同立法方面的实践探索还有很多。2024 年 3 月，上海、江苏、浙江"两省一市"人大常委会分别表决通过《促进长三角生态绿色一体化发展示范区高质量发展条例》。这是长三角区域协同立法迈出的里程碑式的一步，也是《立法法》修正以来全国第一个跨区域协同立法项目。条例将于今年 5 月 1 日起在三地同步施行。

2021 年，为保护赤水河流域，云南、贵州、四川三省人大常委会同步审议通过《XXX 关于加强赤水河流域共同保护的决定》和《XXX 赤水河流域保

---

〔1〕 陈海嵩、张高榕：《新时代我国流域立法的发展方向与立法重点》，载《河北法学》2024 年第 2 期。

护条例》，并于当年 7 月 1 日起实施。

2021 年，《重庆市人民代表大会常务委员会关于加强嘉陵江流域水生态环境协同保护的决定》和《四川省嘉陵江流域生态环境保护条例》同步实施，这是川渝两省市在流域协同立法方面的首次尝试。

2023 年，江西省、湖南省人大常委会同步审议通过《XXX 萍水河—渌水流域协同保护条例》，湘赣两省首次实现协同立法。

（三）湖北省内流域协同立法的实践发展

2022 年 6 月，《湖北省"荆楚安澜"现代水网规划》成了全国首个通过水利部审核的省级水网规划，明确湖北省着力实施四项水网建设任务，构建"三江多支贯通 百库千湖联调"的现代水网。依托湖北省"百河千湖"的水系脉络，从维护生态系统稳定性出发，统筹山水林田湖草系统治理，以长江、江汉、清江绿色生态带为基础，建设以府澴河、内荆河等 38 条重要入江支流为主要对象，以生态保护和修复为主要任务，建设河流生态廊道，构建水系连通网络，加强系统治理，形成水清岸绿的生态活力滨水经济带。实现江河湖库生态连通，建设河流水系生态廊道，保护与修复湖泊湿地生态，均离不开流域立法为其保驾护航，流域治理法治化迫在眉睫。

1. 湖北省制定《湖北省清江流域水生态环境保护条例》

清江是长江中游重要支流之一，也是湖北省仅次于汉江的第二大河，位于长江南岸，横贯湖北西南部。发源于恩施土家族苗族自治州利川市，自西向东流经恩施土家族苗族自治州和宜昌市所属的 7 个县市（利川市、恩施土家族苗族自治州、宣恩县、建始县、巴东县、长阳县、宜都市），至宜都市陆城注入长江，干流全长 423 公里。清江是土家族的发祥地，也是流域各族人民的母亲河。随着经济社会的快速发展，清江保护与开发的矛盾凸显，水环境保护的压力越来越大，流域人民对美好生活、美好环境的期盼和要求越来越高。通过立法保护清江、保护长江，满足清江流域人民美好生活的迫切需要。2022 年修正的《湖北省清江流域水生态环境保护条例》由湖北省人大常委会于 2022 年 11 月 25 日通过，2022 年 11 月 25 日起施行。

2. 恩施土家族苗族自治州与湘西土家族苗族自治州协同立法《恩施土家族苗族自治州酉水河保护条例》

酉水河发源于恩施土家族苗族自治州宣恩县，流经鄂、湘、渝、黔 4 个省（市）、2个州、11个县，经沅江，汇洞庭湖流入长江。酉水河流域绝大多数均属民族地区和欠发达地区，自然条件、人文环境、经济社会发展有很多相似性。随着武陵山片区扶贫开发的深入推进，酉水河流域内的农业、工业、旅游业等相关产业发展迅猛。但由于环保意识薄弱，协作保护机制的缺失等诸多原因，酉水河流域干流和支流均受不同程度污染，对酉水河水环境安全形成了严重威胁。为加强长江经济带生态保护的要求，恩施土家族苗族自治州人大常委会主动与湖南省湘西州人大常委会协商，同步协作制定《XXX酉水河保护条例》，破解跨行政区域流域协作保护机制缺失的难题。《恩施土家族苗族自治州酉水河保护条例》于2016年9月29日经恩施土家族苗族自治州人大常委会表决通过，2016年12月1日经湖北省人大常委会批准，2017年3月1日起施行。

3. 荆州、荆门《XXX长湖保护条例》的制定

长湖是湖北省第三大湖泊，地跨荆州、荆门、潜江三地，是江汉平原重要的调蓄湖泊和生态屏障，也是长江流域的重要组成部分，具有重要的生态、文化和经济价值，具备开展小流域综合治理协同立法的现实条件和迫切需求。湖北省人大常委会立足地方立法职能，以开展长湖保护协同立法为切入点，积极谋划、协调推进各项立法工作。2023年12月1日，《荆州市长湖保护条例》《荆门市长湖保护条例》获湖北省人大常委会批准，两条例自2024年3月1日起同步施行。这是湖北省首次以流域、区域协同立法的形式推进湖泊保护，从"一湖之治"到"流域治理"，两地协同立法保护长湖。

4. 武汉、孝感、随州《XXX府澴河流域保护条例》的制定

府澴河属于长江中游北岸一级支流，是湖北省第三大水系，干流全长331.7千米。府澴河由府河和澴河构成，源出随州大洪山主峰东北麓，自北向南流经湖北省的随县、曾都、广水、安陆、应城、云梦、孝南、东西湖、黄陂等县（市、区），在孝感卧龙潭与澴水汇合，在武汉谌家矶注入长江。府澴河在随州境内干流长194千米。府澴河在孝感市境内长118.5千米，占全长的35.7%。府澴河（武汉段）流经武汉市的东西湖区、黄陂区、江岸区，全长38.5千米，流域面积985.3平方公里。

2024年4月30日，《武汉市府澴河流域保护条例（草案）》全文公布，在全社会范围公开征求意见。2024年5月17日《随州日报》全文刊发了《随州市府澴河流域保护条例（草案）》，向全社会公开征求意见。《孝感市

府澴河流域保护条例》于 2021 年 3 月起实施。该条例实施以来，孝感市府澴河流域环境保护、水污染治理、水生态修复等方面均有明显改善，流域岸线保护与河道管理等工作也进一步规范。对完善湖北地方流域法治体系、推进孝感市府澴河流域环境保护与治理等方面起到了积极作用。但随着流域法治工作的不断推进，国家与湖北省部分相关法律法规及政策发生了变化，特别是《长江保护法》《湖北省流域综合治理和统筹发展规划纲要》等重大法律法规、政策的出台，条例中的部分内容已不符合新发展理念需要，孝感市结合流域协同立法理念，开始对条例进行修订完善。2024 年 10 月 20 日孝感市人大常委会审议通过了《孝感市府澴河流域保护条例》（2024 年修订），获得湖北省人大常委会批准后，于 2025 年 3 月 1 日起实施。

三、地方流域协同立法的运行模式

学界对区域协同立法的运行模式存在一定的争议，概括起来，主要包括中央统一立法、示范协调型、共同协商型等几种模式。[1]我们认为，中央统一立法只有一个立法主体，是"立区域法"而非区域协同立法，故不在讨论范畴。

示范协调模式，指的是立法条件成熟的行政区域的地方立法机关先行制定立法，向其他行政区域提供示范性制度规则，待条件成熟时其他地方立法机关参照立法。示范协调模式具有灵活性、可操作性，充分考虑了区域发展不平衡产生的制度需求差异。但是，其弊端也比较明显，由于示范性制度规则并不是地方立法机关互相协商一致形成的，不是其共同意志的产物。因此，地方立法机关参照制定本区域地方性法规的自主性、积极性常常不足。

实践中，运用较多的区域协同立法运行模式是共同协商模式，具体是指区域内不相隶属的地方立法机关基于区域协调发展的整体考虑，在地方立法权限内，在地方立法各个环节相互配合、相互协助，为解决区域公共事务提供区域规则、衔接规则的一种区域协同立法运行模式。[2]共同协商模式的核心要素是沟通协商，沟通协商的关键在于利益平衡。区域协同立法的双方或

---

〔1〕　宋保振、陈金钊：《区域协同立法模式探究——以长三角为例》，载《江海学刊》2019 年第 6 期；林珊珊：《区域协同立法的理论逻辑与模式选择》，载《理论学刊》2021 年第 3 期。
〔2〕　朱最新：《区域协同立法的运行模式与制度保障》，载《政法论丛》2022 年第 4 期。

多方主体，通过沟通协商等方式进行地方利益博弈，以谋求共识，获得合意，从而实现区域利益最大化。目前，区域协同立法共同协调模式主要存在两种情形：一是同步立项、起草、论证、审议、发布、实施；二是各自起草、立项、论证、审议、报批、发布、实施同步。

（一）共同协商模式下的统一起草、审议、公布和实施

例如，2021年，上海、江苏、浙江和安徽等"三省一市"司法行政部门签署的《长江三角洲三省一市司法厅（局）区域协同立法合作框架协议》规定，涉及区域协同发展的立法项目启动后，由四地联合调研、联合起草、分别审议、协同推进，对涉及区域协同立法项目的难点、重点、焦点问题进行联合攻关，在事关区域协调发展的重要条款上尽可能协调有序，从而形成区域立法同步立项、起草、审议、实施的方式。再如，长江支流沅江的最大支流酉水河，流经相毗邻的湖北省恩施土家族苗族自治州和湖南省湘西土家族苗族自治州。恩施土家族苗族自治州和湘西土家族苗族自治州起初共同起草了统一的《酉水河保护条例》草案文本，后修改为分别适用于两个行政区域的草案文本，各自按程序通过、公布。[1]

（二）共同协商模式下的分别起草、审议、公布和实施

例如，2023年，荆州、荆门两地开展长湖保护协同立法，通过修订《荆州市长湖保护条例》、制定《荆门市长湖保护条例》，共同保护长湖。荆州、荆门分别起草各自的《长湖保护条例》。起草完毕后，同步对《长湖保护条例》进行论证修改完善、审议、报批、发布和实施。《荆州市长湖保护条例》《荆门市长湖保护条例》于2023年12月1日经湖北省十四届人大常委会第六次会议审议批准，自2024年3月1日起正式施行，是全省首部流域综合治理方面的区域协同立法。

另外，设区的市人大常委会以共同发布决定的方式探索地方流域协同保护机制，亦为地方流域协同立法积累了经验。

---

[1] 戴小明、冉艳辉：《区域立法合作的有益探索与思考——基于〈酉水河保护条例〉的实证研究》，载《中共中央党校学报》2017年第2期。

四、地方流域协同立法的问题检视

（一）地方人大间开展区域协同立法的组织、程序、方式、时限等事项还
　　　存在一定的随意性

由于《地方组织法》《立法法》仅对流域协同立法作了原则性规定，然
而，流域协同立法是一项复杂的社会系统工程，其有效实施还需要就流域协
同立法的组织、程序、方式、时限等一系列事项作制度性的安排。如若缺乏
上述制度安排，协同立法很大程度上会流于形式。

比如，黑龙江省和吉林省的松花江流域协同立法，2008 年 5 月 29 日吉林
省人大常委会通过了《吉林省松花江流域水污染防治条例》，同年 12 月 19 日
黑龙江省人大常委会审议通过了《黑龙江省松花江流域水污染防治条例》。对
比两部条例发现，不管是结构体例，还是具体内容，都存在较大的差异。黑
龙江条例第三章对跨界协同管理进行了规定，但也仅仅是对跨市流域协同管
理予以规定，未对跨省协同管理做出安排。吉林省条例共六章内容，没有提
及流域协同管理制度。同样针对松花江流域立法，若流域协同立法成果在具
体规定上出现差异，各地并不能根据本地的相关规定要求其他地方承担其作
为义务，流域协同立法成果各地的差异性规定就难以落实。

其次，非中心城市在流域协同立法中话语权缺失既导致流域协同立法成
果难以体现各地方立法意愿，也导致流域协同立法成果难以有效实施。流域
协同立法主体一般为两个以上的城市，对于省会城市和经济发达城市而言，
拥有相对较强的立法话语权，而对非中心城市在流域协同立法中则明显处于
弱势地位。"一个被视为客体的主体，可能会通过抵抗法律规则的实施来变相
地表达自己的意志。"[1]

（二）流域协同立法的运行机制还存在不足

在流域协同立法的运行机制方面，还存在一些不足。比如，缺乏多层次
的立法联席会议制度，包括决策层面的联席会议和工作层面的联席会议。缺
乏常态化的立法信息交流平台，信息交流渠道不畅，立法信息和立法资源难
以互通和共享。未能建立流域协同立法利益补偿机制，难以有效权衡地方利

---

〔1〕 于立深：《行政立法过程的利益表达、意见沟通和整合》，载《当代法学》2004 年第 2 期。

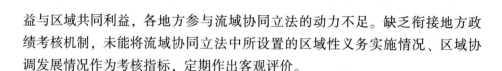
益与区域共同利益，各地方参与流域协同立法的动力不足。缺乏衔接地方政绩考核机制，未能将流域协同立法中所设置的区域性义务实施情况、区域协调发展情况作为考核指标，定期作出客观评价。

（三）流域协同立法的保障机制还存在不足

流域协同立法运行模式的程序化、规范化有助于提升流域协同立法的质量与效率。然而，流域协同立法是一项复杂的系统工程，其有效实施还需要建立一系列保障机制。为推动流域协同立法落地生根、形成实效，有必要建立起全面有效的配套保障机制。

1. 缺乏执行监督的常态化措施

通过加强立法实施效果监督等多种方式，确保地方立法协同产生实效。比如，在水质监测信息共享、水质异常情形处置、水利闸站调度、生态环境综合执法等方面，加强上中下游地区的联动协作，落实流域联防联治联席会议制度，建立健全联合巡查、联合执法、应急联动等机制，促进流域水环境整体改善，深入推动流域共治。

2. 立法后评估制度不健全

立法后评估制度，有助于及时发现流域协同立法和区域行政执法中存在的问题，有助于提高流域协同立法的实效，促进区域法治进步，更好地实现区域协调发展。为此，应当根据立法后评估的功能定位，按照评估主体、对象、标准、方法和程序等要素建立健全流域协同立法后评估机制。

五、地方流域协同立法的完善路径

流域协同立法的过程中，既要考虑流域的全局问题，又要考虑区域的个性问题，要有流域整体的工作和协调机制，也要根据行政区域建立小范围省市参与的工作协调机制。通过地方立法的立法计划、立法程序、立法保障的机制协调，对正在进行和后续的地方立法进行区域之间的协调，在时间、内容和保障方式上协调一致。充分发挥流域协同立法功能，在宏观方面要优化立法理念，微观层面需依托于完善的工作机制、规范的立法程序和必要的制度设计。

（一）优化理念

1. 加强地区间人大主导立法，上级人大协调监督流域协同立法

流域协同立法不是上下级地方人大间的参与式立法，而是不同行政区域

不相隶属的平行立法主体间协同制定地方性法规的活动。因此，首先必须发挥和加强地区间人大主导立法，同时也离不开上级人大的指导和监督。

立法的过程实质上就是各方利益的博弈和平衡，流域协同立法更是如此。在协同立法过程中，各立法主体为了自身的利益考虑，必然会有不同的利益诉求、有差异、有争端，合作方之间的利益平衡是所有区域合作项目普遍需要面对的难题。为了达成一致，实现"协同"，必然需要一个权威的中立方参与协调，这种情况下，没有直接利害关系的上级立法机关参与协商，既有利于合作各方利益的平衡，又可以发挥指导和监督作用。从我国流域协同立法的实践过程观察，往往都有上级立法机关的参与。通过接受上级人大的指导和监督，地方人大之间相互磋商和谈判，最终达成一致意见，将立法机关的意志体现到法规文本当中。例如，2024 年 8 月 1 日，湖北省人大常委会法制工作委员会牵头组织府澴河流域保护协同立法第二次联席会议在武汉召开，武汉市、孝感市、随州市人大法制委员会、常委会法制工作委员会以及政府有关部门负责同志参加会议，共同研究修改三市的《XXX 府澴河流域保护条例》（草案二审稿修改稿）。[1]湖北省人大常委会作为上级人大，在协同立法的过程中就发挥出指导、监督、协调等重要作用。

另外，协同立法过程的顺畅程度与协同立法主体的多寡有一定关系，达成共识的难度往往直接取决于合作方的数量，合作方越多，达成协商一致的可能性就越小，实现利益平衡的难度就越大。合作方越少，达成协商一致的可能性就越大，达成共识就越容易。[2]通过协商一致达成的意见，可拟定地方性法规的草案。协商工作组可以自己起草，也可以委托第三方起草，与一般地方立法的起草程序相同。

2. 贯穿流域综合发展、绿色发展的理念

习近平总书记讲话指出，要正确把握生态环境保护和经济发展的关系，探索协同推进生态优先和绿色发展新路子。发展经济不能对资源和生态环境竭泽而渔，生态环境保护也不是舍弃经济发展而缘木求鱼，要坚持在发展中保护、在保护中发展，实现经济社会发展与人口、资源、环境相协调，使绿

---

〔1〕 《武汉人大：府澴河流域保护协同立法第二次联席会议在汉召开》，载 http://www.whrd.gov.cn/html/xwzx/rdyw/2024/0802/25424.html2024 年 8 月 2 日最后访问。

〔2〕 叶必丰：《论地方人大的共同立法》，载《政治与法律》2021 年第 3 期。

水青山产生巨大生态效益、经济效益、社会效益。[1]地方流域协同立法在利益的取舍、规则的设计上都必须树立以实现"生态优先、绿色发展"为目标的理念。

另外，地方流域协同立法不仅需要考量辖区内的流域功能和利益平衡，还需要把流域作为整体考虑，针对上下游、左右岸、干支流协同治理，统筹水资源、水环境、水生态，对流域生态环境进行整体、系统、综合性保护和治理，实现流域生态环境持续改善与经济社会高质量发展的协调推进。

（二）完善工作机制

要优化流域协同立法运行机制，建立顺畅运行的多元内部工作机制。比如，建立流域的联席会议协调机制，健全流域地方生态环境标准体系建设，建立信息共享机制，完善流域横向生态保护补偿长效机制。

1. 建立地方流域协同立法的联席会议协调机制

在区域协同立法过程中需要按照平等合作、协商一致的原则，对共同的立法项目进行沟通协调，建立流域协同立法的联席会议协调机制。我国《地方组织法》和《立法法》以及有关地方性法规并未规定流域协同立法过程中的协商机制。实践中，既可以由人大常委会的工作机构组织，也可以由具有法规提案权的政府机关组织。并且，在整个协同立法的全过程中，包括立项、起草、修改论证等环节都离不开联席会议组织协调沟通。例如，《XXX府澴河流域保护条例》在协同立法过程中，在湖北省人大常委会的指导下，武汉、孝感、随州市人大常委会共同建立了府澴河流域保护协同立法工作联席会议机制和沟通协调机制，在立法的各个环节，共同协商、共同研究、共同推进，实现机制共建、问题共解、资源共享、成果共用。

首先，需要保障立法信息互通共享，拓宽信息交流渠道；其次，在决定立法计划、立法项目、立法内容的过程中要通过联席会议、线上交流、重难点问题联合攻关等多种方式，保障各地人大意见充分表达，并且相关建议和意见应当在流域协同立法过程中的阶段性文本中有所呈现；最后，在草案文本形成后，若形成示范本，各地方人大应当在此基础上进行符合各地实际情况和需求的实质修改，修改过程中也应当加强沟通协调，使立法成果不偏离

---

[1]《习近平：在深入推动长江经济带发展座谈会上的讲话》，载 http://www.Xinhuanet.com/2018-06/13/c_1122981323.htm，2018年6月13日最后访问。

该流域协同立法项目的原则和基本框架。

2. 完善流域横向生态保护补偿长效机制

流域作为一个整体具有不可分割性，流域生态补偿的主体、对象、标准等也应该是同一的，因此对流域的生态补偿应当进行协同立法。在协同立法中，需要两个或以上的立法主体按照一定的立法程序和立法权限，对跨界流域生态补偿的主体、客体及补偿标准等进行统一调整，共同明确流域生态补偿相关主体的权利和义务。

2021年4月，山东省牵头推动建立黄河流域首个省际生态保护补偿机制，与河南省签订了《黄河流域（豫鲁段）横向生态保护补偿协议》。自签约以来，黄河入鲁水质始终保持在Ⅱ类以上，实现"鲁豫双赢"。

（二）完善地方流域协同立法程序

总体程序：多个立法主体通过多次召开联席会议达成同步立法意向，就立法内容及重要事项进行协商一致，再分别通过第三方起草、论证法规草案，最后各立法机关再审议通过，并以专章建立跨行政区域联动协调保护机制。

（1）立项环节。地方立法机关在立法规划、年度立法计划制定过程中，应当充分考虑区域协调发展需求，注意征求、吸纳区域各方的意见，对可能涉及为解决区域公共事务制定区域规则、衔接规则等制度规范的，地方立法机关法制工作机构应当通过会议协商、约谈协商或者书面协商等方式进行沟通协商。

（2）起草环节。地方立法机关应当根据地方立法的不同情况，在起草中采取不同的沟通协调方式。对立法条件均已成熟，立法能力比较均衡的，可以分别起草，相互借鉴；对于立法能力不均衡的，可以由立法能力较强的地方立法机关牵头组织起草、其他地方立法机关共同参与，最终形成同一草案文本；对于各方高度重视的立法项目，可以地方立法机关同步调研、同步起草，对涉及的重点、难点和焦点问题展开联合攻关，形成同一草案文本。

（3）审议环节。对同步起草的，如原有草案变动的内容不会影响区域公共事务解决的，一般书面征求其他地方立法机关意见即可。对于分别起草、牵头协调起草和委托起草的立法项目，以及原有草案产生非文字性变动，可能影响区域公共事务解决的，一般应当召开地方立法机关共同参与的论证会、座谈会等方式进行沟通协商。

（4）批准和备案。就设区的市而言，报省级人大常委会批准通过，再报有权机关备案。有学者建议，应当建立流域协同立法的交叉备案审查制度，即流域内协同立法主体在审议通过协同立法文件后，除了按照《立法法》的规定向有关立法机关进行备案外，还应当向流域内协同立法的其他立法机关备案，接受备案的立法机关重点就协同立法文本的协调性进行审查。[1]《立法法》规定的备案审查制度重点审查备案立法文件的合法性，作为事后立法监督的流域协同立法交叉备案审查制度则重点审查流域协同立法文本的协调性。比如，审查报备的协同立法文件与流域生态保护和高质量发展的要求是否一致，与流域协同立法主体前期沟通协调的规定、原则、精神是否协调，是否损害了流域的整体利益或者其他协同立法主体的利益等。

（三）建立健全地方流域法规文本的主要制度（法规文本的必要条款）

（1）专章规定区域协作机制，建立跨行政区流域联席会议制度、信息共享、应急管理、生态保护补偿、协同执法、协同监督等机制做出统一规定。例如，在武汉、孝感、随州制定的《XXX 府澴河流域保护条例》中，均专门设置"区域协作"章节。[2]明确了市政府负责建立府澴河流域联席会议协调机制，统筹协调府澴河流域保护的重大事项，推动跨区域协作。区县政府和相关部门负责制定府澴河流域联席会议协调工作方案，建立沟通协商工作机制，共同研究、协商处理府澴河流域跨界区域保护有关事项。从规划与标准编制、信息共享、应急协同处置、联合执法、司法协作、生态补偿、立法协商等方面对区域协作机制的构建作出了具体规定，建立健全府澴河流域协调机制，开展府澴河流域保护工作的跨行政区域合作。[3]

（2）积极吸收跨市横向生态补偿、生态流量调度及下泄管控、水权交易改革等制度探索创新成果，进一步推进流域水资源优化配置。在武汉、孝感、随州的《XXX 府澴河流域保护条例》中，三地均规定了生态补偿条款。[4]明

〔1〕 王春业：《区域合作背景下地方联合立法研究》，中国经济出版社 2014 年版，第 194 页。

〔2〕《武汉市水务局：关于〈武汉市府澴河流域保护条例〉（征求意见稿）公开征求意见的公告》，载 https：//swj. wuhan. gov. cn/hdjl/hdjl_ yjzj/202312/t20231222_ 2326918. html，2023 年 12 月 22 日最后访问。

〔3〕《孝感市人民代表大会常务委员会：关于向社会公布〈孝感市府澴河流域保护条例（修订草案）〉征求意见的公告》，http：//xgrd. gov. cn/tzgg/1860632. jhtml，2024 年 5 月 7 日最后访问。

〔4〕《随州市人民政府：随州市府澴河流域保护条例（草案）》，载 http：//www. suizhou. gov. cn/zt/zwzt/2020/qmtxhzzgjlsxsz/zcwj_ 3568/202405/t20240517_ 1224618. shtml，2024 年 5 月 17 日最后访问。

确了建立府澴河流域横向生态保护补偿长效机制，确定补偿标准、扩大补偿资金规模，加大对府澴河源头和上游水源涵养地等生态功能重要区域补偿力度。

（3）根据本流域区域特点，完善防洪排涝设施布局和治理体系、加强堤防水库除险加固、完善应急备用水源工程、开展区域水系互联互通等防洪保安重点建设内容，主要体现在规划制度、水资源保护、水污染防治、水生态修复等相关章节内容中。

（4）地方流域协同立法要统筹发展和安全，严格管控河湖水域岸线，强化涉河建设项目和活动管理，推动河湖确权，开展河湖管理保护控制带设置，并对监管数字化做出相应安排。

（5）细化法律责任。在防洪安全、水污染防治、水资源保护、水生态修复、河道采砂管理、水利基础设施安全等重点领域，加大对违法行为的处罚力度，设定相关强制措施。除此之外，在法律责任部分，必须针对流域协同中的规定设置法律责任。克服立法成果原则性较强、促进性条款居多、较少设置具体的可操作性规则、缺少责任条款，否则将导致协同立法成果实效发挥不足。

主要参考文献

一、著作类

［1］周旺生：《立法学》，法律出版社 2004 年版。

［2］刘平：《立法原理、程序与技术》，学林出版社 2017 年版。

［3］刘明利编著：《立法学》，山东大学出版社 2002 年版。

［4］崔卓兰等：《地方立法实证研究》，水利水电出版社 2007 年版。

［5］［美］罗伯特·B. 塞德曼编著：《立法服务手册》，赵庆培、杨华译，中国政法大学出版社 1992 年版。

［6］［英］洛克：《政府论》叶启芳、瞿菊农译，商务印书馆 1982 年版。

［7］［美］博登海默：《法理学：法律哲学与法律方法》邓正来译，中国政法大学出版社 2004 年版。

［8］［法］卢梭：《社会契约论》，何兆武译，商务印书馆 1997 年版。

［9］［英］洛克：《政府论》（下篇），叶启芳、瞿菊农译，商务印书馆 2003 年版。

［10］［法］孟德斯鸠：《论法的精神》（上），张雁深译，商务印书馆 1997 年版。

［11］［德］康德：《法的形而上学原理——权利的科学》，沈叔平译，商务印书馆 1991 年版。

［12］江利红：《行政过程论研究》，中国政法大学出版社 2012 年版。

［13］李步云、汪永清主编：《中国立法的基本理论和制度》，中国法制出版社 1998 年版。

［14］郭秋水：《当代三大民主理论》，新星出版社 2006 版。

［15］阮荣祥、赵泄主编：《地方立法的理论与实践》，社会科学文献出版社 2011 年版。

［16］张春生主编：《中华人民共和国立法法释义》，法律出版社 2000 年版。

［17］全国人大常委会法制工作委员会国家法室编著：《中华人民共和国立法法释义》，法律出版社 2015 年版。

［18］张显伟等：《地方立法科学化实践的思考》，法律出版社 2017 年版。

［19］武钦殿：《地方立法专题研究——以我国设区的市地方立法为视角》，中国法制出版社2018年版。

［20］李林：《立法理论与制度》，中国法制出版社2005年版。

［21］王建华、杨树人：《地方立法制度研究》，四川人民出版社2009年版。

［22］蔡定剑主编：《国外公众参与立法》法律出版社2005年版。

［23］陈公雨：《地方立法十三讲》，中国法制出版社2015年版。

［24］蔡定剑：《中国人民代表大会制度》，法律出版社2003年版。

［25］李锦：《地方立法后评估的理论与实践——以省级地方性法规的立法后评估为例》，法律出版社2019年版。

［26］吴大英、任允正、李林：《比较立法制度》，群众出版社1992年版。

［27］曹康泰主编：《中华人民共和国立法法释义》，中国法制出版社2000年版。

［28］汪全胜等：《立法后评估研究》，人民出版社2012年版。

［29］张文显：《法哲学范畴研究》，中国政法大学出版社2001年版。

［30］罗豪才、湛中乐主编：《行政法学》，北京大学出版社2012年版。

［31］许安标主编：《中华人民共和国行政处罚法释义》，中国民主法制出版社2021年版。

［32］汤唯等：《地方立法的民主化与科学化构想》，北京大学出版社2002年版。

［33］王爱声：《立法过程：制度选择的进路》，中国人民大学出版社2009年版。

［34］邢华：《跨域合作治理：府际关系与机制选择》，中国人民大学出版社2023年版。

［35］王春业：《区域合作背景下地方联合立法研究》，中国经济出版社2014年版。

二、论文类

［1］刘惠荣、柏杨：《立法规划的基本要求：科学性与民主性》，载《学习与探索》2004年第6期。

［2］周旺生：《关于立法规划的几个理论问题》，载《北京大学学报（哲学社会科学版）》1993年第3期。

［3］刘立可、赵晓思：《省人大出台设区的市立法指导意见》，载《浙江人大》2018年第6期。

［4］龙婧婧：《试论地方立法立项标准体系的建立》，载《人大研究》2019年第9期。

［5］秦前红、徐志森：《论地方人大在地方立法过程中的主导作用—以法规立项和起草的过程为中心》，载《荆楚学刊》2015年第3期。

［6］张显伟、胡永德：《地方立法立项程序的建构》，载《地方立法研究》2017年第4期。

［7］刘晓鹏：《先论证　后立项：北京市人大试行法规立项论证》，载《江淮法治》2008年第19期。

［8］汤啸天：《立法民主与立法质量》，载《探索与争鸣》1999年第4期。

［9］ 王少禹、王福蕾、李继红：《依法适用地方性法规 努力提高审判质量：——河南省高院关于地方性法规适用情况的调研报告》，载《人民法院报》2013 年 11 月 21 日。

［10］ 张婷：《论地方立法的立项论证制度》，载《江汉大学学报（社会科学版）》2017 年第 3 期。

［11］ 俞荣根：《地方立法后评估指标体系研究》，载《中国政法大学学报》2014 年第 1 期。

［12］ 蒋传光：《关于完善地方立法立项问题的思考》，载《学习与探索》2005 年第 6 期。

［13］ 王书娟：《委托第三方立法起草的理论证成》，载《北京理工大学学报（社会科学版）》2021 年第 3 期。

［14］ 范利平：《借鉴香港法治经验，在粤港澳紧密合作中创新——香港专业立法起草制度分析》，载《太平洋学报》2009 年第 1 期。

［15］ 肖子策：《论地方立法起草方式改革》，载《法学》2005 年第 1 期。

［16］ 周旺生：《论法案起草的过程和十大步骤》，载《中国法学》1994 年第 6 期。

［17］ 刘松山：《人大主导立法的几个重要问题》，载《政治与法律》2018 年第 2 期。

［18］ 肖萍、周娟、辛振宇：《论地方立法起草主体法律规制的完善》，载《江西社会科学》2013 年第 12 期。

［19］ 高旭东：《关于设定地方立法审议制度的思考》，载于《遵义师范学院学报》2016 年第 1 期。

［20］ 丁国峰，代桂明：《论地方立法审议程序制度的构建和完善——以设区的市的立法审议为视角》，载《学术探讨》2017 年第 4 期。

［21］ 陈洪波、汪在祥：《论地方立法审议制度的完善》，载《湖北社会科学》2007 年第 6 期。

［22］ 谢天放等：《我国地方立法的流变与展望》，载上海市行政法制研究所编：《地方立法的理论与实务（2005～2006 年研究报告集）》，法律出版社 2007 年版。

［23］ 陈伟斌：《地方立法评估的立法模式与制度构建》，载《法学杂志》2016 年第 6 期。

［24］ 汪全胜：《立法后评估概念阐释载》，载《重庆工学院学报（社会科学版）》2008 年第 6 期。

［25］ 周伟：《立法项目论证制度研究》，载《甘肃政法学院学报》2017 年第 2 期。

［26］ 郑磊：《设区的市开始立法的确定与筹备——以〈立法法〉第 72 条第 4 款为中心的分析》，载《学习与探索》2016 年第 7 期。

［27］ 周怡萍：《立法前评估制度研究——以地方立法为视角》，载《人大研究》2014 年第 8 期。

［28］ 周伟：《论地方立法项目公开征集制度的完善》，载《江汉大学学报（社会科学版）》2016 年第 1 期。

[29] 姜述弢：《地方立法后评估制度的法治化及对策》，载《学术交流》2016 年第 4 期。

[30] 罗嵘：《地方立法前评估程序设置》，载《黑龙江省政法管理干部学院学报》2018 年第 1 期。

[31] 汪全胜：《论立法后评估主体的建构》，载《政法论坛》2010 年第 5 期。

[32] 李冰强、杨越、张莹：《立法前评估指标体系的构建》，载《晋阳学刊》2017 年第 2 期。

[33] 石佑启：《论地方特色：地方立法的永恒主题》，载《学术研究》2017 年第 9 期。

[34] 苗连营：《立法法重心的位移：从权限划分到立法监督》，载《学术交流》2015 年第 4 期。

[35] 江流、罗志先、夏平华：《论准立法权——兼与深圳立法权比较》，载《法律科学（西北政法大学学报）》1994 年第 3 期。

[36] 敖俊德：《地方立法批准权是地方立法权的组成部分——兼评王林〈地方立法批准权不是立法权的组成部分〉》，载《人大工作通讯》1995 年第 8 期。

[37] 丁祖年：《试论省级人大常委会对较大的市地方性法规的批准权》，载《法学评论》1990 年第 6 期。

[38] 王子琳：《地方立法权性质之我见》，载《当代法学》1987 年第 3 期。

[39] 方彪：《宪法实施视阈下的"设区的市"立法权》，载《中共杭州市委党校学报》2017 年第 2 期。

[40] 郑磊、贾圣真：《从"较大的市"到"设区的市"：地方立法主体的扩容与宪法发展》，载《华东政法大学学报》2016 年第 4 期。

[41] 严海良：《设区的市立法批准制度之检视——以〈宪法〉第一百条第二款为基础的展开》，载《学海》2020 年第 2 期。

[42] 蔡定剑：《立法监督初探》，载《人大工作通讯》1994 年第 17 期。

[43] 封丽霞：《制度与能力：备案审查制度的困境与出路》，载《政治与法律》2018 年第 12 期。

[44] 胡锦光：《论推进合宪性审查工作的体系化》，载《法律科学（西北政法大学学报）》2018 年第 2 期。

[45] 朱宁宁：《有立法性质文件都不能游离备案审查之外》，载《法制日报》2018 年 1 月 2 日。

[46] 周宇骏：《合目的性的审查分层：我国地方性法规审查基准的实践及其逻辑》，载《政治与法律》2021 年第 3 期。

[47] 郑磊：《省级人大常委会对设区的市地方性法规备案审查权：制度需求与规范空间》，载《政治与法律》2019 年第 2 期。

[48] 闫然、毛雨：《设区的市地方立法三周年大数据分析报告》，载《地方立法研究》

2018 年第 3 期。

[49] 冉艳辉：《省级人大常委会对设区的市地方性法规审批权的界限》，载《法学》2020 年第 4 期。

[50] 谢勇：《概念的成长：破解地方立法"不抵触""有特色"的困境理论》，载《求索》2017 年第 12 期。

[51] 饶世权、饶艾：《地方立法公众参与的概念、主体与价值》，载《西北大学学报（哲学社会科学版）》2008 年第 1 期。

[52] 黄信瑜：《公众参与地方立法制度创新：实践反思与完善制度》，载《学术论坛》2016 年第 12 期。

[53] 王怡：《认真对待公众舆论——从公众参与走向立法商谈》，载《政法论坛》2019 年第 6 期。

[54] 顾爱平：《公众参与地方立法的困境与对策》，载《江苏社会科学》2017 年第 6 期。

[55] 郭晓燕、李拥军：《公众参与立法的功能异化与矫正路径》，载《齐鲁学刊》2021 年第 2 期。

[56] 魏治勋、汪潇：《论地方立法技术的内涵、功能及科学化路径——基于当前地方立法现状的分析》，载《云南大学学报（社会科学版）》2019 年第 1 期。

[57] 汪全胜：《立法技术评估的探讨》，载《西南民族大学学报（人文社科版）》2009 年第 5 期。

[58] 向往：《论地方性法规"不重复上位法"原则的规则化》，载《行政法学研究》2022 年第 2 期。

[59] 李敏：《设区的市立法的法律控制机制研究——基于"五道防线"的思考》，载《苏州大学学报（哲学社会科学版）》2017 年第 5 期。

[60] 秦前红、李雷：《人大如何在多元备案审查体系中保持主导性》，载《政法论丛期刊》2018 年第 3 期。

[61] 张春莉：《论设区的市地方立法中"法律责任"的设定权》，载《江汉论坛》2018 年第 12 期。

[62] 陈兴良：《论行政处罚与刑罚处罚的关系》，载《中国法学》1992 年第 4 期。

[63] 毕可志：《论完善对地方立法中法律责任的设定》，载《河南省政法管理干部学院学报》2004 年第 1 期。

[64] 宋晓玲：《行政责任设定权探析》，载《西部法学评论》2022 年第 5 期。

[65] 舒国滢，《法学基本范畴研究：法律规范的逻辑结构》，载《浙江社会科学》2022 年第 2 期。

[66] 张晓莹：《行政处罚的理论发展与实践进步——〈行政处罚法〉修改要点评析》，载《经贸法律评论》2021 年第 3 期。

[67] 谭冰霖：《环境行政处罚规制功能之补强》，载《法学研究》2018 年第 4 期。

[68] 徐向华、郭清梅：《行政处罚中罚款数额的设定方式——以上海市地方性法规为例》，载《法学研究》2006 年第 6 期。

[69] 姚金艳、吕普生：《人大主导型立法体制：我国立法模式的转型方向及其构建路径》，载《中共福建省委党校学报》2015 年第 2 期。

[70] 李适时：《进一步加强和改进地方立法工作》，载《中国人大》2016 年第 18 期。

[71] 刘松山：《立法规划之淡化与反思》，载《政治与法律》2014 年第 12 期。

[72] 张德江：《完善以宪法为核心的中国特色社会主义法律体系》，载《人民日报》2014 年 10 月 31 日。

[72] 李丹、袁海军《陈飞：强化责任担当，着力解决问题，立良法促善治》，载《人民之友》2023 年第 8 期。

[73] 朱最新：《区域协同立法的运行模式与制度保障》，载《政法论丛》2022 年第 4 期。

[74] 邵莉莉：《流域生态补偿的共同立法构建——以京津冀流域治理为例》，载《学海》2023 年第 6 期。

[75] 陈海嵩、张高榕：《新时代我国流域立法的发展方向与立法重点》，载《河北法学》2024 年第 2 期。

[76] 宋保振、陈金钊：《区域协同立法模式探究——以长三角为例》，载《江海学刊》2019 年第 6 期。

[77] 林珊珊：《区域协同立法的理论逻辑与模式选择》，载《理论学刊》2021 年第 3 期。

[78] 于立深：《行政立法过程的利益表达、意见沟通和整合》，载《当代法学》2004 年第 2 期。

[79] 叶必丰：《论地方人大的共同立法》，载《政治与法律》2021 年第 3 期。

[80] 欧恒：《我国地方流域立法的现状审视与完善路径》，载《南京工业大学学报（社会科学版）》2023 年第 3 期。

[81] 贺海仁：《我国区域协同立法的实践样态及其法理思考》，载《法律适用》2020 年第 21 期。

[82] 陈海嵩：《流域立法的审思与完善：以〈黄河保护法（草案）〉为中心》，载《荆楚法学》2022 年第 4 期。

[83] 朱艳丽：《我国流域立法的困境分析及对策研究》，载《华北水利水电大学学报（自然科学版）》2017 年第 2 期。

[84] 戴小明、冉艳辉：《区域立法合作的有益探索与思考——基于〈酉水河保护条例〉的实证研究》，载《中共中央党校学报》2017 年第 2 期。

[85] 何俊毅：《流域协同立法的规范建构与机制保障》，载《现代法学》2024 年第 3 期。

[86] 秦前红：《人大主导立法不能过于理想化》，载《人大研究》2017 年第 2 期。

[87] 姚金艳、吕普生：《人大主导型立法体制：我国立法模式的转型方向及其构建路径》，载《中共福建省委党校学报》2015 年第 2 期。

[88] 廖健、宋汝冰：《加强党对立法工作领导的路径分析》，载《红旗文稿》2015 年第 5 期。

[89] 张媛：《屹立于新中国民主法制史上的丰碑：杨景宇胡康生张春生谈彭真及其民主法制思想（中）》，载《法制日报》2013 年 11 月 5 日。

[90] 黄兰松、汪全胜：《规范政府参与立法的边界》，载《湖北社会科学》2017 年第 8 期。

[91] 李克杰：《"人大主导立法"原则下的立法体制机制重塑》，载《北方法学》2017 年第 1 期。

[92] 李克杰：《中国"基本法律"概念的流变及其规范化》，载《甘肃政法学院学报》2014 年第 3 期。

[93] 庞凌：《论地方人大与其常委会立法权限的合理划分》，载《法学》2014 年第 9 期。

[94] 封丽霞：《人大主导立法之辨析》，载《中共中央党校学报》2017 年第 5 期。

[95] 卢群星：《隐性立法者：中国立法工作者的作用及其正当性难题》，载《浙江大学学报（人文社会科学版）》2013 年第 2 期。

[96] 褚宸舸：《全国人大常委会法工委职能之商榷》，载《中国法律评论》2017 年第 1 期。

[97] 张德江：《完善以宪法为核心的中国特色社会主义法律体系》，载《中国人大》2014 年第 21 期。

[98] 魏中龙：《政府购买服务动运作与效率评估研究》，武汉理工大学 2011 年博士学位论文。

[99] 阎锐：《地方人大在立法过程中的主导功能研究——以上海市为例》，华东政法大学 2013 年博士学位论文。

[100] 陆丽君：《我国人大主导立法制度研究》，河北大学 2019 年硕士学位论文。

[101] 乔彦霏：《设区的市人大主导立法研究》，四川省社会科学院 2018 年硕士学位论文。

[102] 刘洋：《提升地方人大立法主导作用研究——以吉林省 2016—2020 年立法工作为例》，吉林大学 2021 年硕士学位论文。

[103] 卫学芝：《人大主导立法下的法案起草模式研究》，山东大学 2020 年硕士学位论文。

[104] 潘传广：《我国地方立法质量路径问题研究》，长春理工大学 2010 年硕士学位论文。

[105] 穆中杰：《完善地方立法立项机制的研究》，上海师范大学 2005 年硕士学位论文。

[106] 廖健：《地方立法主体研究》，湖南大学 2016 年硕士学位论文。

后　记

　　2017 年，在各种因缘际会之下，我误打误撞闯入了地方立法的领地。先后数次有幸与市人大常委会、市司法局和政府部门协作开展地方立法起草、评估工作，撰写并提交了一系列法规草案、地方立法评估报告、立法研究报告等立法文本。自彼时起，我便开始对地方立法的理论和实践进行了一系列的思考和研究，陆续撰写过几篇相关学术论文，偶尔有结集出版的想法，奈何本职工作繁忙，加上杂务缠身，一直拖到 2022 年暑假才开始紧张地写作，修缮原稿和增补诸多新素材，2022 年底基本上完成了全书的主体写作。然而，众所周知，法学文章的时效性特别强，还没有联系好出版事宜，就迎来了 2023 年 3 月《立法法》第二次修改。作为本书重要法律依据之一的《立法法》作了重大修改，随之而来的修改书稿的任务也迫在眉睫。寒来暑往，本书终于于 2024 年 2 月完成了最终的写作。随后，以书稿为基础的课题"地方立法程序研究——以我国设区的市地方立法为视角"申报 2024 年湖北省社科基金一般项目（后期资助项目），并有幸获批（项目编号：HBSKJJ20243162）。

　　本书的结构为四个部分，前三章按照立法程序的逻辑顺序，对地方立法的预备程序、地方立法的正式程序和地方立法的完善程序进行了较为全面的理论探讨和阐述，第四章主要结合本人在地方立法实践中觉得比较重要的几个制度进行了思考和探讨。比如：地方立法中"不抵触"原则的理解和适用、人大主导立法体制、地方立法中的公众参与制度、地方立法技术、地方立法中的法律责任制度、流域协同立法等。值得一提的是，为了客观反映设区的市地方立法样态，本书在前三章对应的章节后面，附上了几份研究报告。均是本人近年来深度参与地方立法起草、评估工作中所形成的调研报告、地方立法评估报告等文本。本书保留了大部分报告的主体内容和结论，仅对报告作了一些技术处理，隐匿了相关地域、单位、人员等信息。当然，地方立法领域的理论和实践博大精深，本人的学识有限，书中的缺漏和谬误之处，敬请批评指正。

本书的完成，特别想感谢身边的一些人。首先，感谢单位领导和同事在工作上给予的帮助和支持。感谢湖北省社科基金的资助，同时也感谢湖北工程学院省级人文社科平台"湖北市域社会工作与社会治理现代化研究中心"、"中华孝文化研究中心"的基金资助，共同助力本书出版。感谢地方立法课题组的成员，在地方立法实践的领地上一起并肩作战，为起草、评估多部地方性法规和规章而进行调研活动、收集文献资料、为法规文本中的疑难问题争论探讨……在立法实践中收获写作素材，激发了写作灵感，才能促成本书的诞生。感谢家人的理解和支持。感谢我的爱人姚世勇先生在我工作繁忙时承担家务，尤其是写作中遇到瓶颈时，来自他的精神鼓励，让人信心大增。并教会我文字排版技巧，使我的写作速度得到极大的提高，事半功倍。感谢儿子，来自孩子的鼓励和支持的力量是强大的。犹记得，炎热的暑假，母子俩在书房各自奋斗，感受岁月静好。孩子提笔书写的"唰唰"声和我写作时敲击电脑键盘的"啪啪"声相映成趣，谱写出一曲悦耳的交响曲。中国政法大学出版社的丁春晖编辑、辛佰乐编辑细致耐心的工作，对本书的出版给予了很多支持与帮助，在此对他们一并表示感谢。

最后，希望本书能为地方立法工作的理论和实践发展贡献绵薄之力，也以此激励自己在地方立法的广袤土地上勤恳耕耘、不断奋进，取得更大的学术成就。

张慧霞

2025 年 6 月 25 日

于湖北工程学院博文苑